销售员口才实战训练

周澜◎编著

中国纺织出版社有限公司
国家一级出版社
全国百佳图书出版单位

内 容 提 要

本书根据销售行业的特点，以销售实战训练为出发点，运用实际案例，有针对性地引导销售从业人员掌握口才运用及提升的技巧。本书有实际销售案例参照，有销售口才实战指导，有口才实战理论点拨，有口才拓展训练方法等。情景性、多版块、碎片化的内容设置，不仅能让读者有效降低阅读疲劳、提高阅读兴趣，更能全方位地、高效地引导销售员提高口才水平和实战能力。

图书在版编目（CIP）数据

销售员口才实战训练 / 周澜编著. -- 北京：中国纺织出版社有限公司，2021. 1

ISBN 978-7-5180-8022-9

Ⅰ. ①销… Ⅱ. ①周… Ⅲ. ①销售—口才学 Ⅳ. ①F713.3 ②H019

中国版本图书馆CIP数据核字（2020）第201245号

策划编辑：于磊岚　　特约编辑：李　勤　　责任印制：储志伟

中国纺织出版社有限公司出版发行

地址：北京市朝阳区百子湾东里A407号楼　邮政编码：100124

销售电话：010—67004422　传真：010—87155801

http: //www. c-textilep. com

中国纺织出版社天猫旗舰店

官方微博 http: //weibo. com/2119887771

三河市宏盛印务有限公司印刷　各地新华书店经销

2021年1月第1版第1次印刷

开本：710×1000　1/16　印张：14

字数：205千字　定价：48.00元

前言

销售行业是造就世界顶级富豪的行业，世界上有 80% 的顶级富豪是从推销致富的，所以很多人满怀希望地走进了这个充满梦想的行业。尽管踏入这个行业之初的每一个人都雄心勃勃，然而随着时间的推移，有的人经过不懈努力，取得了成功；有的人却在原地踏步；更有的人在日趋激烈的竞争中迷失了自己，怀着无限的失落感黯然退出。

很多时候我们总是有这样的不解：为什么别人的业绩比自己好？为什么自己的产品质量很好，但凭你磨破嘴皮也不能把它卖出去？为什么服务服务再服务，宣传宣传再宣传也不能提升销售业绩？很多人因此抱怨销售难做。但是，销售行业里有这样一句名言："只有不会卖产品的销售，没有卖不出去的产品。"的确，做不好产品销售，很大程度上是因为你的智慧不够。而一个精于买卖之道的人，能把斧子卖给总统，能把梳子卖给和尚，其中的关键在于你有没有良好的口才。销售人员的销售过程，就是与客户交流、谈心的过程。法国大作家雨果说过："语言就是力量。"的确，精妙、高超的语言艺术魅力非凡，在推销过程中能体现强大的推销力。销售员有副好口才，可以更好地展示自己的智慧与才华，体现出自己的风度与气质，与客户加深彼此间的了解和好感，让客户真心认同销售员的建议和想法，接受销售员的产品和服务，最终达成交易。

卡耐基曾说过：“一个人的成功是人际关系的成功，人际关系的成功是沟通的成功。”销售过程就是一个主动与人沟通的过程。可以说，不懂得沟通技巧，不会说话的人就做不好销售工作。在当今发达国家把“舌头、金钱、电脑”并列为三大法宝，口才被公认为现代人必备的素质之一。充满魅力的销售好口才，是每个销售员都必须努力培养的一项生存技能，是销售人员走向成功的关键和有力保证。因为良好的销售口才，不仅仅是语言的艺术，更是多种艺术的综合。它融合了销售员的语言魅力，对客户心态的把握，对实际情境的反映，对产品和服务的认知与表达，对成交技巧的掌控等多个方面，它包含在销售链条的整个过程中，决定销售的方方面面。作为销售人员应时刻准备练就好口才，以迎接客户的检验。只有充分展示出自己的口才魅力，才能使自己的销售之路越走越平坦。

本书根据销售行业的特点，以销售实战训练为出发点，运用实际案例，有针对性地引导销售从业人员掌握口才运用及提升的技巧。本书有实际销售案例参照，有销售口才实战指导，有口才实战理论点拨，有口才拓展训练方法等。情景性、多版块、碎片化的内容设置，不仅能让读者有效降低阅读疲劳、提高阅读兴趣，更能全方位地、高效地引导销售员提高口才水平和实战能力。

世界上没有一种灵丹妙药可以包治百病。在实际工作中，面对不同的行业、不同的客户、不同的场景，我们应该学会触类旁通，举一反三。这样，你才可以真正做到在任何时候销售任何产品给任何人，你才会成为一个最具有说服力的销售员。

编著者

2020 年 9 月

目　录

第 3 辑
真诚赞美客户，拉近彼此间的心理距离

第 4 辑
运用发问技巧，准确把握客户的需求

第 5 辑
掌握产品介绍技巧，激发客户购买欲

第 6 辑
巧止客户借口，让客户签单不犹豫

第7辑
巧妙化解异议，为客户排除成交疑虑

第8辑
学会价格谈判，让产品以高价成交

第9辑

用好电话与即时通信，不见面也能拿订单

第10辑

语言有效引导，让客户快速下单成交

第11辑

与客户沟通交流，不能踏入的雷区

第1辑 想提升说服力，要练好这些基本功

在销售活动中，离不开语言的表达。不会说话，不但得罪了顾客，也丢了赚钱的机会。从接近顾客到向顾客宣传产品、解除疑虑，直到最后说服顾客接受自己的产品和服务，都离不开销售语言。将话说得准确、生动、得体，是一个销售员的基本功，也是做好销售工作的基本技能之一。

注意遣词造句，让语言听起来更顺耳

毋庸置疑，词汇量丰富并善于运用的人，其语言的表达自然顺畅和有效。但是，人们成年后往往忽视遣词造句方面的学习，那是因为他们没有体会到说话对一个人是何等的重要。有些销售员认为，用词、造句都是学生时期要做的事情，从而导致了一种矛盾心理：一方面想用口才促进推销，另一方面又懒于解决词汇贫乏的问题。马克·吐温说："恰当地用字极具威力，每当我们用对了字眼……我们的精神和肉体都会有很大的转变。"销售员的遣词造句功夫好，不仅体现了自身的优秀素养，而且还能用语言打动客户的心，从而顺利完成销售活动。所以，销售员想要提高自己的口才，就应该在用词造句上下功夫。

【实战案例】

有一次，罗斯和太太出门逛街，想买一个柜式冷气机。在第一家店，销售员只是告诉他们许多品牌和型号，说明不同的价钱。罗斯问他其中很相似的两款冷气机究竟有什么不同，销售员告诉他们："其实这两款机器功能完全相同，只是其中一款是名牌，所以价格比较贵。"

不一会儿，店里又进来一位顾客，销售员对着罗斯夫妇说："我太忙了，你们先看一看，等会儿我再过来。"说完就去招呼这位刚进来的顾客了，把罗斯夫妇晾在现场。罗斯理智地克制了自己的不悦，决定不向这个无趣的人买东西。这对夫妇离开了，去了另一家店。

罗斯夫妇走进这家店，说明了来意，销售员满脸笑容地问罗斯夫妇装冷气机的房间是个什么样子，并强调这点很重要。因为不同机型，噪声程度不一样，同一种机型不能又摆厨房又摆卧室。接着他又问房间有多大，这样才能决定要买多大功率的冷气机。罗斯夫妇对销售员的回答很满意。

这时，店里又进来一位顾客，销售员马上满脸歉意地对罗斯夫妇说："您看，又来了一位顾客。要不，您二位先在沙发上歇一歇，等会儿再给二位详细介绍如何？"

恰巧罗斯夫妇也有点累了，觉得销售员的话是个不错的建议。

当那个销售员再次过来的时候，罗斯夫妇已经决定就在这家店选择冷气机了。但罗斯太太还是有疑问："如果附近有火，这个机型承受得住吗？"她相信销售员一定很少碰到这样的问题，但销售员没用任何专有名词，很快地、有技巧地回答了她的问题："太太，当您晚上出门忘了关灯时，这个机型的机器都不会出问题。"

看到罗斯夫妇还在犹豫不决，销售员说道："我这个人一向不太喜欢给不熟悉的人下结论，不过我确实可以这样说：不管您对我的商品是怎么看的，是否愿意购买，这些都不太重要，我就是觉得二位都是我最好的顾客。能为二位介绍产品，我感到是件很愉快的事。我真的很乐意替二位出一份自己的微薄之力，为二位提供满意的服务。你们的到来，我觉得我的工作都变得轻松愉快了，谢谢二位。"

最后的疑虑解决了，虽然罗斯夫妇买的东西比前一家的产品稍贵，但他们还是与这个销售员达成了交易。

几乎是同样的场景，同样的客户，为什么一个销售员失去了客户，而另一个销售员却与客户达成了交易，其中的差别，是他们在与客户沟通的过程中，虽然都是向客户表达同一个意图，但一个没有注意用词，而另一个却注意了。当又有客户进来的时候，第一个销售员说"我太忙了""你们先看一看"，这让罗斯夫妇听起来不仅感觉是自己给销售员带来了麻烦，还不受重视，所以，罗斯夫妇感到不快。第二个销售员却说"您看，又来了一位顾客""你们先歇一歇"，虽然表达的也是"我太忙了""我要招待刚来的顾客"，但听起来让人舒服，而且还富有关怀的意思。第二个销售员在介绍产品的时候，通俗易懂，而最后的陈述，会让罗斯夫妇认为这个销售员是个真诚可靠的人，也就愿意与他做交易。可见，第二个销售员是赢在用词造句上。

虽然有些销售员在与客户沟通时用词十分谨慎，然而却不留意自己习惯用的字眼，殊不知我们所用的字眼会影响客户的情绪。因此，如果销售员不能好好掌握怎样用词，依照以往的习惯，随便用词，很可能就会失去客户。如对客户说：“我想知道一下你们公司今年制冷机的使用情况。”这句话中，哪一个词用得不太好？是“想知道”。“知道”后是谁在获益？当然是询问方了。而如果我们将这个词换成“咨询”或者“请教”的话，那么客户就会感觉到对方的尊重，听起来会好得多。此外，销售员要注意在沟通中少用“我”“我们”“我认为”等主观性较强的语言，这些词语很容易使顾客反感。

【实战要点】

销售员在与客户交流的时候注意遣词造句，通过词语的巧妙使用，不仅让语言通俗易懂，而且让人听起来生动形象，这才是口才好的表现。如销售员不考虑自己用词，甚至随便用词，往往就很难与客户沟通。所以，销售员要在平时注意说话时用词造句，形成良好的说话习惯，才能练成良好的口才。一般来说，说话时用词造句应该注意以下几点。

1. 说话要尽量做到深思熟虑，沉着冷静

有些销售员往往说话过急过快，不当的词语就容易“溜”出来。所以，与客户交流时，要注意把话讲得慢些，要在嘴边设一个“岗哨”，在讲话前尽量做到考虑如何用词，使词汇能准确表达意思，千万不要为了尽快回复对方慌乱应答而忙中出错。

2. 丰富语汇，杜绝口头禅

意大利诗人但丁这样说过：“语言作为工具，对我们之重要，正如骏马对于骑士的重要。最好的骏马适合最好的骑士，最好的语言适合最好的思想。”

销售员话语中的有些口头禅往往是肤浅、俗气、毫无价值的词，与客户沟通时这样的口头禅，不仅不能准确优雅地表达意思，还会给客户留下不好的印象。所以，销售员在平时应该注意锤炼语言，不断拓宽知识面，使自己成为语汇的“富户”，讲起话来妙语生辉，口头语也自然会被“扫地出门”。例如：在赞扬别人时只会说“好”，什么事情都“好、好、好”，久而久之就会成为你的口头语；若经常变换使用下列词汇表示“好”，比如“帅、棒、妙、美、不错、绝了”等，你就不容易形成单调的口头禅。一旦词汇丰富了，

就不至于经常偏重使用个别浅显、粗俗的词语了。

3. 丰富词汇，杜绝用词不当

话语中不当用词，不仅是销售员素养低的表现，更会让客户反感。所以，销售员要想杜绝不当用词，首先要丰富自己的词汇。词汇掌握多了，可选择的语言素材就宽泛了，在与客户交谈时词汇能精准地被随手拈来，就会减少甚至是杜绝用词的失误。

4. 不求华丽、晦涩的辞藻，力求通俗表达

从语言学上讲，语言会通过耳朵传入大脑，很快会在大脑中进行加工、组合，形成理性思维。如果不能做到口语化、通俗化，以近于白描的语言着力塑造栩栩如生的听觉形象，而是使用文学味太浓、遣词造句过于华丽和艰涩的语言，就必然会令人费解。所以，销售员的职业语言贵在自然、朴实、生动、亲切、洗练，能够包蕴深刻的思想，表达真实的情感。否则，销售员话说得再漂亮也不会有什么力量。因为用这样的语言说话，不是大脑在起作用，而只是舌头在发挥功能。

5. 多读书，要用强力矫正不良的语言习惯

对于销售员来说，一定要强制自己多读文章，高声朗诵，请人矫正，培养自己敏捷的思维和严谨的语言习惯，不让不当词语轻易出口。

把握词语重音，让客户准确听出你的意思

身为一个销售员，把话说好的基本功之一，就是注意词语轻重的准确把握。当准确掌握了词语重音，不仅能让语言有节奏感、悦耳动听，还能让客户很容易明白你所说的意思。如果销售员在说话的时候轻重不分，像背书一样机械呆板，客户可能不会愿意听你这样说话，也听不明白你说的是什么；如果语音轻重运用不当，还可能会听出歧义。

【实战案例】

牛奶奶家的电视机坏了，想买一台新的，可是儿子出差去了，自己又不知道买什么样的电视好，她想起隔壁的小王好像在一家经营家用电器的公司做销售，于是就去敲门："小王，你是不是卖电视机？"

"我不卖电视机。"（重音放在"卖"字上）

"不卖电视机，那你是不是曾经卖过电视机……"

"我不卖电视机！"（重音放在"电视机"上）

"我家收录机也坏了，帮我换一个……"

"我不卖电视机！"（重音放在"我"上）

"你在家用电器公司上班，帮我找一个……"

小王把门打开，急得直抓头，说："牛奶奶，你怎么总是听不懂我的话呢？"

牛奶奶则说："你怎么老是打岔呢？"

这个事例说明，一句简单的问话，小王却回答得答非所问，令人啼笑皆非，原因就在于他没有把握准说话的重音。如果他把重音放在"不卖"上，就明确回答了牛奶奶询问的是不是卖电视机的问题了。所以说，销售员不能准确把握词语重音，还会给自己与客户之间的沟通造成障碍。俗话说"听话听音"，销售员在强调某些字眼时，在不同情况下会有不同效果。比如，大声说"我们保证服务三个月"这句话，如果强调"我们"这两个字，客户就会明白：他可能能从你的公司得到最好的服务，其他厂商可能不会这么做。如果你强调"保证"这两个字，这表示你很有可能能负责到底。如果你希望顾客放心，不用担心维修问题，那么你可以强调"服务"两个字。如果你要强调保证服务的期限，就要肯定地说出"三个月"的字眼。不要担心客户不能接受，你要相信，客户是非常聪明的。不会说话的销售员会将每个字说得一样重，让客户迷惑不解，不知他究竟要表达什么意思；会说话的销售员，一两个字词，都能够分清轻重音，语意清晰，客户一听就明白。

【实战要点】

表达重音的方式主要是强调——适当加强音量和气势，使字音饱满有力一些。说话不突出重音，是不会说话的表现。以下举出表达重音的几种特例。

1. 呼应型重读

重读反映语脉线索的词或短语，如问答性呼应、领属性呼应、过程性呼应等。

2. 区分型重读

重读那些可区分程度轻重，突出性质、动作、范围、感情的，或者是提示注意的词或短语。具体体现在以下几个方面。

（1）第一次提到的人或事物，重读可加强语气，表达出对人的尊敬和对事物的重视。

（2）表达强烈感情的副词，如："空调一点儿也不费电。""我非常喜欢。"重读"一点儿也"和"非常"就可以表达出你"节能"和"喜欢"的程度，有加强表达的效果。

（3）突出一种感情或一种意境的主要词或短语。如："这个小区家家户户都在用我们的产品。"重读"家家户户"，给人一种想象的空间，说者让客户感受到了每家每户都在用他们的产品，这样的话语所表达的意思虽简单但语意丰富，效果明显。

（4）重提以引起重视的词或短语。如："我是销售人，我有一颗服务的心！"加重"销售""服务"的发音，可以表达出一种强烈的工作热情，是引起客户更加明白自己意思的途径，能使说者的感情表达得更加准确、深刻。

（5）强调某种判断的词或短语。如："这不是很贵的商品。"对"不是"的重读，显然是引起客户注意，他这里明确的是"不是"，而不是"是"。判断词总的来说就是表达肯定意义的词和表达否定意义的词，要明确表达自己的观点就可以重读这类词。

（6）判明具有某种性质的词或短语。如："这种行为是一种欺骗行为！"重读"欺骗"，是对行为的定性，可以引起听者的重视，很快就能明白这是一种什么性质的行为。

（7）强调一种动作或行为的词或短语。如："你就这么撒手不管了？"对"撒手不管"的重读，不仅可以形象表达出这一动作或行为，而且，也能表达出说话者的强烈不满，这也是重读的艺术效果。

对以上类型的重读要准确把握，但并不是任何属于以上类型的词或短语都要重读。这需要在句子中去把握，还要从自己的说话目的出发，看你要表达出什么意思、什么效果。否则，你有可能将一句话里的每个词都重读了，最后，却没人能听懂你所说的。当这类词同时出现的时候，如果你能够分清轻重缓急地表达出来，那么你说出来的话一定是字正腔圆、人人爱听的。你不用再为自己讲不清意思而苦恼，也不用再为别人听不懂你的话而烦恼。

适当运用停顿，紧紧抓住客户的注意力

标点符号是个伟大的发明，书面语借助标点把句子断开，使内容更加具体、标准。语言专家研究发现，停顿是因思想内容的表达和生理心理的需要，而在有声语言的链条上设置的间隙中断，是有声语言的"标点符号"。在口语中我们常常借助的是停顿，有效地运用停顿可以使你的话易懂、动听，减少误解。有些销售员在介绍产品时，说话像水龙头，特别是在激动的时候，就不注意停顿了，这样不仅很难让客户听清你在说什么，更难以激发客户对产品产生兴趣。借助语言本身的特点，使用有意停顿、变换语调、调整语速等方法，给听者一种极大的反差，从而将听者的注意力吸引过来。

巧妙运用停顿不仅能使自己的语言生动活泼，而且，还能收到意想不到的语言表达效果。

【实战案例】

销售员坐在苏经理的对面，而办公室里的其他工作人员正在讨论着什么，并没有顾及这个体检项目销售员和经理的谈话。

"苏总，我相信您公司的员工跟您打拼的部分原因是——"这时销售员的声音稍微停了一下，然后提高嗓门接着说，"他们仰慕您的品德和为人。"销售员的音调很高，办公室的每个人几乎都听到了，他们也压低了讨论问题的声音。

……

“您的员工都对您怀有仰慕之情，但对于您来说，这点似乎还不够——”销售员停顿了一下，他的话题好像引起了其他人的兴趣，他看到有几个人将注意力转向这边，于是高声地继续说，“您还要有非常健康的身体才行。只有您的身体健康，才能带领员工去冲锋陷阵。”销售员慷慨激昂，忠言直谏。

接着，销售员降低声音：“你们的业绩很好，那又是次要问题，最重要的是——”说到这里，销售员停了一下，又提高了声音，“你们的健康是否确实毫无问题呢？你们经常去检查吗？”销售员一口气说到这里，又突然打住。这时整个办公室鸦雀无声，都在等待经理的回答。

经理显得有点手足无措。

“我们苏经理非常忙，好像还没有去医院检查过——我们都没检查过。”旁边的一位同事插嘴道。这位销售员已经将其他人的注意力成功地吸引过来了。

“是的，是的。”经理连忙附和同事的说法。

“那么你们应该对身体进行一次全面的检查，可以的话，我这就为您及员工预约体检。”

所有的人在沉默，苏总只好说：“好吧！那就麻烦你了！”

可见，销售员在与客户沟通时，恰如其分地停顿能产生非凡的效果，这是语言本身难以达到的。好的停顿有很强的表情、表意功能，常能收到“此时无声胜有声”的效果。

【实战要点】

在很多时候，用停顿将句子巧妙地断开，不仅能准确表达出意思，还能够使话语生动活泼，产生更加完美的效果。在推销产品时，口才好的销售员会利用停顿使自己的语言听起来有节奏感，这样不仅能吸引客户的注意力，还能让客户认真地听自己的阐述，从而顺利推销产品。

在语音学上，人们将停顿进行了分类，销售员可以按照分类原则练习句间停顿。

1. 语法停顿

语法停顿又叫自然停顿。从语法上说，中心语与附加语之间往往有一个小的停顿，书面语用标点符号表示的地方要停顿，段落之间、句子之间也都要停顿。这些停顿是严格按照语法意义的停顿，这是最基本的停顿。

2. 感情停顿

感情停顿又叫心理停顿。销售员根据情感或者心理变化而特意为之的停顿，虽然不符合语法，但是能表示出当事人一种微妙和复杂的心理感受。如：“你不买——没关系的。”“你这样砍价——太狠了！”

3. 特殊停顿

为加强某种特殊效果或应付某种需要所做的停顿。如上面案例中“我相信您公司的员工跟您打拼的部分原因是——他们仰慕您的品德和为人。”就属于这类停顿。

销售员练习时需要注意的是，停顿不是话语的中断，而是将声音的消失与感情变化有机结合起来。表现停连技巧时，在气息上要注意三个方面：一是气息要调节。比较大的停顿地方要换气，小的停顿要“偷气”（不明显地换气），另外要“救气”（一气呵成）。二是接头要扣“环”。即两个内容相连的句子，第一句的结尾压低，第二句的起音也要低，这样两个句子中的音位差就小，给人感觉环环相扣。三是层次要“抱团”。句子的末尾音节不要往下滑，每层的意思要有鲜明的起始感、整体感。

4. 话停微动作不能停

停顿有时并不仅仅局限于声音，还可以配合一些手势动作来进行。例如：低头沉思；双手握拳，作激动状；说到关键处，可以双目凝视；深深地叹息；紧皱眉头，作痛苦状；抬头望天等。在运用这些动作时，要注意做得自然、逼真，以免客户认为你是在故意做作，只是为了吸引客户的注意。运用停顿在与客户的交谈中是非常重要的，但是在具体运用停顿的过程中，应该注意停顿得既不能太长，也不能太短，这就需要销售员根据具体情况具体分析，去揣摩应该在什么时候停顿。停顿要按照语境的规定进行，如果故意在不该停的地方停顿，会产生怪异的效果，甚至导致笑料。

用好语调、语气，让语言更有表现力

语调是指贯穿整个句子的调子，与声调一起决定了声音的高低抑扬。语调的构成因素比较复杂，它是节奏的快慢起伏、音调的抑扬顿挫、语速的停顿延连、音量的轻重强弱等通过不同的方式组合而成的。同一句话，不同的语调，语言的表现力就会不一样，有的甚至表达的意思也会大相径庭。所以，语调、语气作为口语修辞手段对表情达意所产生的特殊功能是销售员一定要掌握的技能。语调、语气运用得恰到好处，推销的语言才会有表现力，才会打动客户。

【实战案例】

最初做销售时，原一平并不注意说话的语调、语气，他常常呆板地对客户说：

“太太，您买一份保险吗？”

“先生，不要您花太多的钱，就能给您全方位的保障。”

……

话音没有高低起伏，没有抑扬顿挫，只是将词语简单地吐出，让人听起来索然无味。

经理向他提出：“原一平，你说话总是一个语调，好像是在背书。你能不能按照你要表达的意思而采用适当的语调、语气——这样让客户听起来不仅会舒服一些，也更容易接受你呀！”

于是，原一平为了使自己的语言更有表现力，经常听广播，摸索播音员运用语调、语气的诀窍。在坐禅修行时，拿出一本非常不喜欢看的书，耐着性子，一句一句有声有色地朗诵，练习口才。

原一平为了用完美的语调、语气与客户讲保险也花费了不少精力。一次，原一平突然想到，在他经常路过的大树旁，有一只大狗被拴在那里，并且每次当他经过时，都凶巴巴地朝他叫。原一平就跑到离大狗两步距离的地方，蹲下来对着大狗讲起保险知识来。这只大狗狂吠，每次叫一声，原一平的心就揪一下，大脑里的神经链条就被打断一下。可以想象，被束缚的狗一旦挣脱铁链，准会伤人的，但是他还是壮着胆子接着讲下去。

就这样练习了半年之久，他不仅可以面对客户用完美的语调、语气向客户宣讲保险知识了，而且还能将枯燥的保险知识不加修饰地讲得动听、讲得客户爱听。

语言学家发现，运用好语气语调，可以传达丰富的感情，增强表达的艺术效果。所以英国戏剧家萧伯纳说过："书写的艺术，哪怕文法修辞非常好，在表达语调时却无能为力。复杂多变的语调、语气是一种表意功能很强的口语修辞方法，是任何一个想提高说话水平的人都应该掌握的。"

【实战要点】

语调、语气反映的是讲话者暗藏在内容中的态度，表现的是语言表面意思之外的某种意思或情感，是对语言字面意思的补充和协调，是听者通过说话者声音的悠扬婉转来判断的，所以，无论与谁进行语言沟通，说话时的语调、语气很关键。销售员要成为一个会说话的人，充分把握交谈的主动权，就要注意讲话的语调、语气，这样才能让洽谈得以顺利进行。一般来说，说话时在语调、语气方面应注意以下几点。

1. 言语不卑不亢

销售员与客户的语言沟通目的性很强，希望通过语言的劝说得到客户的某种认可，因此有些销售员在与客户说话的时候总是怕得罪客户，表现出唯唯诺诺的样子，这是不对的。销售员说话的语气一定要做到不卑不亢，不要让客户感觉到你是在哀求他，那种唯唯诺诺的语气只会表达出你的不自信，同时也不利于建立自身的专业形象。当然，也不要让客户感觉到你有盛气凌人的架势，这样说话会给客户留下极为不好的印象，潜在的交易也很可能因此而泡汤。

2. 言语要委婉

一般来说，委婉的语气是客户最喜欢的。需要注意的是，不同的措辞会给客户以不同的信息，即使我们想表达同一种意思，积极的言辞与消极的言辞所传递的效果也是不同的。如果在你的推销用语中，讲究言语的委婉，善于运用“我”来代替“你”，尤其是在提出请求和表示反对的时候，那么就会在很大程度上有助于你推销工作的顺利进行。例如：

直接说法：“您的名字叫什么？”

委婉说法：“请问，我可以知道您的名字吗？”

直接说法：“您务必……”

委婉说法：“我们要为您那样做，这是我们需要的。”

直接说法：“您不对，不是那样的！”

委婉说法：“对不起，我没说清楚，但我想它运转的方式有些不同。”

直接说法：“如果您需要我的帮助，您必须……”

委婉说法：“我愿意帮助您，但首先我需要……”

直接说法：“您做得不正确……”

委婉说法：“我得到了不同的结果。让我们一起来看看到底是怎么回事。”

直接说法：“听着，那没有坏，所有的系统都是那样工作的。”

委婉说法：“那表明系统是正常工作的。让我们一起来看看到底哪儿存在问题。”

直接说法：“注意，您一定要在今天付款！”

委婉说法：“如果您今天能付款，我会非常感激。”

直接说法：“当然您会收到，但您必须把名字和地址给我。”

委婉说法：“当然我会立即给您发货，我能知道您的名字和地址吗？”

直接说法：“您没有弄明白，这次听好了。”

委婉说法：“也许我说得不够清楚，请允许我再解释一遍。”

总之，在与客户沟通的过程中，销售员要时刻注意自己的语气。最好不要用那种推销色彩太浓的语气来与客户交谈，而应该以朋友的语气和态度去与客户进行沟通。

3. 注意语调

众所周知，语调有区别句子语气和语意的作用，如“产品质量不错”说成降调，是陈述性句式，带有肯定、鼓励的语气；说成升调，是疑问性句式，带有不信任和讽刺的意味。

一般地说，低调的语言比高调的语言柔和，因为前者比后者的声音低。但是，让语言有柔性，在运用好语调的同时还要运用好语气，不同的发声方式、不同的气息状态，可以形成不同的语气，表达出不同的思想感情。

在实际交流中，与客户沟通时，语调要随情而变，注意强弱轻重之分。"感有万端之异，言有万态之殊。"不要用固定的语调模式说话，语气的表达不要有做作的痕迹，要以情带声，与感情的自然流露融为一体。

事实上，一个人的声音可以通过一些技巧训练来克服平时的一些怪癖和不良习惯，从而改善你说话时的语调、发音、音量、节奏、速度等，让语调、语气的运用更完美。

（1）为了更加准确地了解自己的声音，你可以听听自己给人发微信语音时的声音。

（2）请家人或朋友对你的声音做出一个真实的评述。

（3）将你在停顿或静默时反复使用的语气词记下来，注意谈话中尽量避免使用。

（4）进行发音训练。你可以在图书馆找到一些有关的书籍，针对自己的特点进行训练；也可以用微信语音留言的功能进行练习，自己说给自己听，为自己找到最佳的语调、语气模式。

（5）可以去进修一门公共言谈或演讲的课程。

总之，让我们变得更加成功的许多优异的品质不是与生俱来的，而是需要后天通过自身的改变和努力得来的。声音也是这样，你试着改变一下，也许会得到一个意想不到的结果。

会开玩笑，让语言充满幽默感

幽默是一种让人开心的艺术，是生活中不可缺少的元素。正因它的存在，生活才充满了愉悦、情趣和生机。对于一个销售员来说，会用幽默的语言与客户沟通是一种能力，也是一种机智，更是一种推销的力量。幽默作为调节气氛的润滑剂，历来就备受人们青睐，可以说很多客户喜欢同幽默风趣的销售员打交道。所以，一名幽默的销售员更容易得到大家的认可，也更容易打开销售局面。

【实战案例】

一位保险销售员走进经理的办公室，把自己的名片递给正在看文件的经理。这位经理看也没看销售员一眼，不耐烦地把名片扔了回来："我很忙，别来烦我！"

"我的确是凡（烦）人，我们做销售的都是凡人，你们当领导的一定都是不平凡的人。"销售员幽默地回答。

没想到，一句话把经理说乐了，他放下手中的文件，抬起头来看了看销售员："你是干什么的？"

销售员再次将名片递给了这位经理，开始介绍自己、介绍自己的产品。

这种情况这个销售员每天都可能会碰到，但他都能幽默一下，轻松化解尴尬。

有一次，在他找到客户刚要说明身份时，对方就打断说："别跟我提保险，保险都是骗人的。"

销售员说："对不起，我还不知道您受了保险的骗。"

"我倒没受骗，是别人受了骗。"客户顿了顿又说，"如果保险公司的人真骗到我的头上，我跟他没完。"

“看来，今天我必须实事求是地跟您讲保险了，否则真怕您跟我没完。”一句话，说得客户也笑了。

用幽默的语言与客户沟通，能在最短暂的时间内化解尴尬，缓和气氛，营造出和谐的说话氛围。所以，销售员若能恰如其分地运用幽默，就更容易接近客户，增强自己的销售力。

【实战要点】

有人说，幽默是一种天分，其实，幽默也是可以通过后天培养得来的。幽默是润滑人际关系的“万精油”，销售员要是精通幽默的语言技巧，就更方便接触形形色色的人，让推销工作更轻松。那么，销售人员如何培养语言的幽默感呢?

1. 做个快乐之人

销售员要用愉悦的心态面对销售工作，只有自己心情愉悦了，才能滋生幽默感，说出幽默的话语来。所以，销售员要能够做一个带着笑容思考、把快乐带给别人的人。销售人员要学会以快乐的心情拥抱生活，时刻把笑容展现出来，有把快乐带给别人的心态，自然能够产生幽默感。

2. 融入客户，宽容客户

销售人员要融入客户中去，主动使自己的交际方式大众化，把客户当成朋友，主动帮助客户解决问题，这样才能从与客户的交往中萌发幽默的因子，用幽默的语言和方式与客户沟通。

销售人员要想培养幽默感，就要学会宽容大度，不斤斤计较，这样才能从容面对客户的有意刁难或冷言拒绝，才能让自己的销售生活多一点趣味和轻松，多一份乐观和幽默。

3. 扩大知识面，培养幽默的文化功底

幽默不是庸俗，幽默是一种智慧的体现，它是以丰富的文化知识为基础的。一个人只有具备广博的知识，才能做到谈资丰富，妙语成趣。因此，销售人员要想培养幽默感，就必须不断地在文化知识上充实自己，从各种各样的书籍中搜集幽默的浪花，从名人趣事中汲取幽默的精华。

总之，幽默需要长期、有意识地锻炼才能把握，不断提高观察事物的能力，培养敏锐的洞察力，是提高幽默感的重要途径。只有能够迅速捕捉事物

的本质，才能创造出恰当的比喻、诙谐的语言，从而使人们产生愉快的感觉。此外，销售人员还应该注意，幽默要因人而异、因时而异，把握好时宜和分寸，还要做到不同问题不同对待，处理问题时要机动灵活，既做到幽默又不落俗套。

幽默能力并不是一蹴而就的，需要日积月累方能练就。所以，销售人员在日常生活中要注意多收集和储备一些有趣的故事并加以润色，使之内化为自己的幽默素材。此外，还可以多看一些幽默的喜剧表演或喜剧电影，这样可以在无形之中增强自己的幽默感。

巧用肢体语言，增强语言的表达效果

心理学家研究发现，客户判断销售员传达的推销信息，单纯的语言方面占7%，声调方面占38%，另外55%的信息需要由非语言的体态来传达。也就是说，完美的口才表达需要肢体语言的辅助。肢体语言使用得当，会给客户以更深刻、更鲜明的印象。良好的动作语言不仅可以很好地表情达意，而且优雅动人的体态，可以给人的视觉以好感和美感，产生“此时无声胜有声”的效果。

【实战案例】

一名销售员应约给一位客户上门推销产品。

销售员微笑着走进客户办公室，一边点头一边说：“早上好，王先生，很高兴您能关注我们的产品。”

看着满脸带着笑意的销售员，客户也笑了笑：“你请坐。”

“您的办公室真气派。”销售员边说，边向客户竖起大拇指。

听到这样的称赞，客户的脸上露出几分得意的神情。

销售员在办公室的沙发上端坐下来，微笑着看着王先生。

客户则在他的对面坐下来，问：“你们公司的产品性能怎么样？”

听到客户这样问，销售员一边用手势比画着，一边用热情的语调回答道：“王先生，这项设备是引进的德国SA技术，它的产能效率是普通设备的2倍，而且比一般设备的单位能耗要低20%。这是我们这款产品最大的卖点……”

销售员的话紧紧抓住了王先生的注意力，听销售员讲完，客户不禁问道：“这套设备大概需要多少钱？”

可能是销售员的言语神态给了客户莫大的信任，客户开始询价了——客户有了购买的意向。

“整套设备应该在20万元人民币之内。”销售员回答。

客户：“是吗？能在18万元以内拿下吗？”

销售员连忙摆摆手，回答道：“不行，不行。我和您说20万元是最低价格了。”

“好吧。我们领导班子需要研究一下才能给你电话，行吗？”客户或许是看到销售员坚决的口气，就没再往下说价格。

销售员起身告辞：“好的，好的。希望您能选择我们的产品。”销售员一边说，一边双手合十表示感谢。

几天之后，王先生打电话给这个销售员，让他去公司签订合同——一桩生意就这样做成了。

在这个推销案例中，销售员很好地运用了肢体语言，以肢体语言很好地辅助了有声语言。销售员之所以能促成这桩交易，王先生对产品本身的认可是主要的原因，但是，也离不开销售员与王先生声情并茂的言语沟通。

肢体语言包括体态、手势、眼神和表情四个方面。销售员得体的体态语言，不仅可以用来增强自己的气质，还能提升客户对你的信任度；销售员练就丰富的面部表情，一方面是利用自己的面部表情，增加语言表达的生动性，另一方面则是为了掩盖自己的真实心情，使自己成为一个深藏不露的人；销售员的眼睛一定要能传神。泰戈尔说得好：“一旦学会了眼睛的语言，表达的变化将是无穷无尽的。”人内心的隐秘，胸中的奔突，常常通过眼神自然流露出来。眼睛能自如传递心中的信息，反映人的喜怒哀乐之情。销售员在运用口语传递信息的同时，也自然要通过自己的眼神，把内心的激情、学识、品德、情操、审美情趣等传达给客户；“手是人的第二张脸”，可见，手是非常敏锐的表情器官之一。手势在态势语中使用频率最高，动作最明显，表达最自由。因而，表现力、吸引力和感染力也是最强烈的。寓意深刻、优美得体的手势动作，能产生极大的魅力，取得意想不到的效果。在与客户的沟通中，还能激发他们的热情，加深客户对你话语内容的理解，使推销获得成功。

【实战要点】

有些销售员重视口才的训练，但他们会忽视肢体语言对口才的辅助、补充功能。肢体语言是无声的语言，对口才的表达至关重要，所以，销售员要注意肢体语言的练习。销售员在演练如何用肢体语言辅助有声语言时，要特别注意肢体语言四个方面的训练：体态、手势、眼神和表情。

1. 注意体态练习

体态分为行姿、站姿和坐姿三种，当客户进店，销售员会连续运用到这三种体态：用行姿来跟进，用站姿向顾客推荐产品，用坐姿与顾客进行深入沟通。体态语言表达不当，比如摇头晃脑、抖腿、手足无措、扭捏作态、缩头缩脑、左右摇晃等，都会给顾客留下不良的印象，影响最后的成交。

2. 注意手势练习

手势往往是配合语言使用的，让语言具有立体感，表达力更强。但是，手势的运用关键是自然、有力、简洁，与说话者的情感协调一致。假如销售员手势不当，顾客看起来就会有反感之心，比如插口袋、双手背后、抓裤了、拉衣服、玩戒指等等小动作，都会让顾客感觉你不够专心，不尊重自己。

3. 注意你的眼神表达

眼睛是心灵的窗户，眼神可以良好地表达思想及感情。要特别注意的是，眼神自然、坚定而平和，频频眨眼、眼神飘忽不定、紧盯顾客 5 秒以上等，这些都会让顾客感觉不自在，并产生不信任的感觉。

4. 注意保持良好的脸部表情

脸部表情是客户阅读销售员内心的最好窗口，所以，销售员时刻要注意保持“好脸色”——微笑、和蔼地面对客户。无论是客户的异议，还是客户的不当言语，销售员都要保持微笑。

肢体语言得体的表现是指要同场合符合，同听、说双方的身份、年龄符合。我们在销售过程中要面对不同的人群，有老人、小孩、年轻人、夫妻、情侣等等，面对不同的人群要有不同的行为方式，可以假想几种我们常面对的客户群进行练习。

总之，销售员在训练肢体语言的时候，从语音、语调到肢体语言，每个细节都要反复琢磨，反复练习，让自己自然、得体、适度。自然大方的态度会让客户放下心中的戒备，因此所有的动作都要练习到能够熟练自然地运用，不刻意、不做作。适度是指肢体语言的幅度、力度、频率在合适的范围内，如果表达得过于夸张，客户反而会产生不信任的感觉。

口才提升与实战训练

1. 口才拓展训练

道具：笔，纸。

参加人数：4 人以上（参加训练者要熟悉对方在推销中的表现）。

方法：参加训练的人分别对角色模仿者语言表达进行评价，评价从体态、用词、语调、礼貌、态度、表情以及专业性和语言的完整性等方面进行。

规则：参加训练者相互把对对方的评价写在纸上，然后相互交换，并且进行交流。

目的：通过对方的评价来检查推销中的口才表现，更客观评价优缺点，利于在推销中的改进。

2. 口才情境分析

在一家超市里，一位促销员向年轻的女客户推销某品牌的洗发水：“我是 ×× 公司的，我们的产品品质好，价格合适，对头发有保养作用。你看你的头发……”“你说什么？我看看别的！”年轻女客户似乎没有听懂促销小姐所说的话，很快走开了。

请问，促销小姐在销售中出了什么问题？

参考答案

促销小姐急于把自己的推销信息传递给客户，而根本未从客户的角度设身处地为客户考虑。语言呆板枯燥，话题的引入不能激发客户的兴趣，甚至是缺乏礼貌。

3. 口才实战训练思考

假如你是一家公司的销售人员，第一次向客户推销产品，你该怎么向客户陈述？

参考答案

根据对方的年龄、兴趣等特征，设计一个让对方感兴趣的开场白，然后在心里组织一下要陈述的语言，包括确定陈述重点、用什么样的语调陈述等，最后预判可能出现的沟通意外，为沟通风险设定预案。

第2辑 精彩的开场白，助你轻松拜访客户

销售员拜访客户可谓是最基础、最日常的工作，但有很多被拜访者对那些来访的销售代表爱搭不理，销售代表遭白眼、受冷遇，使得拜访工作无从下手。可是，当你准备了一个精彩的开场白时，局面就可能不同了，往往能让你轻松拜访客户，从而顺利实施销售活动。所以说，好的开场白就是推销成功的一半。

拜访客户，前两分钟的话最关键

客户对你的第一印象取决于销售人员的衣着与言行举止，而第二印象就是这短短的前两分钟所说的话。如果说第一印象是客户对销售员的主观判断的话，那么，第二印象就是销售员给予客户印象的展示。所以，假如客户的第一印象对你不是很好，你可以在第二印象来弥补；假如第一印象良好，第二印象不是很好，往往这个销售员给客户的总体印象都不会太好。

一般来说，客户不会留给销售员太多的时间，他们往往将信息处理集中在前两分钟你所表达的内容上。如果不能触发他们的兴趣点，后面的话客户往往就不想再听下去了。所以，说话时讲好前两分钟尤为重要。

【实战案例】

销售员万丹如约来到客户办公室。

开场："杜老板，您好！看您这么忙还抽出宝贵的时间来接待我，真是非常感谢啊！"（感谢客户）

"杜老板，您的办公室装修得这么简洁却很有品位，可以想象您一定是个做事很干练的人！"（赞美客户）

"这是我的名片，请您多多指教！"（第一次见面，递上名片并做自我介绍）

"杜老板，您了解我们公司吗？"（停顿片刻，让客户回想或回答，给客户留时间）

"我们公司是国内最大的为客户个性化办公方案咨询服务的公司。我们了解到现在的企业不仅关注提升市场占有率和利润空间，同时也关注如何节省管理成本。考虑到您作为企业的负责人，肯定很关注如何最合理地配置您的办公设备，节省成本。所以，今天来与您简单交流一下，看看有没有需要我们的地方，我们愿意效力。”（介绍此次来的目的，突出客户的利益）

“贵公司目前正在使用哪个品牌的办公设备？”（让客户开口）

从始至终，杜老板都是面带微笑地与销售员万丹开心地谈着。

从这个例子可以看出，万丹通过很好的开场白吸引了客户，取得了漂亮的开门红，所以，能让杜老板愿意继续和他沟通下去，有促成交易的可能。前两分钟说话要达到的目标就是吸引对方的注意力，引起客户的兴趣，使客户乐于与我们继续交谈下去。因此，找出客户最关注的价值是开场白的关键点。

【实战要点】

一般来讲，前两分钟说话的重点包括以下几个部分。

（1）感谢客户接见自己，在寒暄一番后，一定要记住赞美客户。

（2）接下来自我介绍，或问候客户。

（3）简单介绍来访的目的，这是要突出客户的价值，从而吸引对方。

（4）转向探测需求，用对客户提出问题的方式结束，好让客户开口讲话。以向客户提问题作为引导客户说话的突破口。

当销售员通过前两分钟有吸引力的开场白赢得了客户的注意力后，接下来的销售工作就水到渠成了。那么，如何才能通过简短的几句话成功地吸引客户的注意力？一般来说，有以下几种常用的方法。

1. 提及客户可能最关心的问题

你可以说：“听您的朋友提起，您现在最头疼的是产品的合格率不高，通过调整了生产流水线，这个问题还没有从根本上改善……”

2. 谈到客户熟悉的第三方

你可以说：“是您的朋友杨先生介绍我与您联系的，说您近期想增置几套生产设备……”朋友介绍的，客户一般都不会马上拒绝你这个“朋友的朋友”。

3. 赞美对方

你可以说：“听说您是这方面的专家，所以也想和您交流一下……”当然赞美要得体，最好是有根据，因为言过其实的夸奖会让客户产生反感。

4. 提起他的竞争对手

你可以说："我们刚刚和 ×× 公司（客户的竞争对手）有过合作，他们认为……"客户听到竞争对手，往往会把注意力集中到你要讲的内容上。

5. 引起他对某件事情的共鸣（原则上是客户也认同这一观点）

你可以说："很多人认为您应该转向网络销售方式，不知道您是怎么看的……"这种方法的要点在于在拜访前了解客户的经营状况。

6. 用数据引起客户的兴趣和注意力

你可以说："您穿上这套衣服，可以提升您的气质……""我知道贵企业现在的产品出库率比较低，如果有一种方法使您的库存下降一半的话，您是否有兴趣了解呢？"

7. 有时效的话语

你可以说："我觉得这个活动能给您节省很多的推广费用，但活动截止到这个月底，所以应该让您知道……"这种时间的限制会让客户产生紧迫而稀有的心理。

上面这几种方法表达可结合着交叉使用，重要的是要根据当时的实际情况做出合适的选择。当然，我们在与客户交谈的时候，一定要以积极开朗的语气对客户表达与问候。

寒暄式开场，用温情打动客户

与他人初次交流时，由于彼此生疏，或多或少都存在一些防备与戒心，一时之间难以迅速找到共同话题。而且，即便是相熟的两个人，只要隔上十天半个月甚至是一年半载后再见时，时间也会在双方之间划下一道鸿沟，过去那种熟悉的感觉也不可能招之即来。因此，无论是生人相遇，还是熟人相逢，一番寒暄总是不可或缺的，就像运动员在正式比赛之前会做做热身活动一样，寒暄就是与客户正式交谈之前的一场热身活动，这个活动往往决定销售的成败。

【实战案例】

销售员汪之灵见到客户张总。

汪之灵："张总，下午好。"

客户："下午好。"

汪之灵："您现在有时间吧，我想用5分钟给您大概讲一下我们公司产品的情况。"

客户："好的，开始吧。"

在正式场合或针对初次见面的客户，汪之灵会使用正规的问候语，例如"您好""上午好""下午好"等。

汪之灵在正式场合还要注意自己的语言，要求自己做到礼貌、言必由衷，注意言语分寸，为和客户的交谈创造融洽的气氛。

汪之灵见到客户王太太。

汪之灵："王太太您好，好久不见了，最近公司发展得怎么样啊？"

客户："还是老样子。"

汪之灵："这么久不见真有点想您呢。"

客户："嗯嗯，谢谢你了。"

汪之灵："我们来谈谈第二季度的采购吧。"

客户："好的。"

汪之灵知道，表示想念的问候语常用于与客户有一定交情的情况，可以用"好久不见，您近来怎么样""多日不见，真有点想您了"等问候语。

汪之灵明白，作为一个女性销售员，在与客户寒暄时，表示思念的话语不可太过夸张，而且应注意问候对象，对异性应少用。

汪之灵见到客户张哥。

汪之灵："张哥，最近生意进展如何，还算顺利吧？"

客户："托您的福，还算过得去啦。"

汪之灵："您的身体还好吧。"

客户："还可以，谢谢。"

汪之灵："您的超市还缺什么吗？还需要再拿些货吗？"

客户："我也正考虑这个问题呢，想进些新货。"

表现出对对方关心的问候语有"最近身体好吗""生意好吗""最近工作进展如何，还顺利吗"等，问候时主要是询问对方本人、子女、家庭、事业等的情况以示对对方的关心。

【实战要点】

一个巧妙而恰当的寒暄话题，就好比导火索一样，能带来源源不断的新话题以及不断高涨的交谈兴致。那么，在销售的过程中，有哪些常见的情感式寒暄话题呢？

1. 日常类寒暄

例如"您好吗？""您吃了吗？""今天天气还不错哦！"这样的话题。

2. 家常类寒暄

有关家庭、家人、家中生活类的话题。例如"您孩子今年高考考得怎样？""您父母身体好吧？"等等。

3. 关系类寒暄

围绕关系，比方说通过彼此间同乡、同窗、同事、共同认识的某人等等关系来展开话题。像赤壁之战中，鲁肃与诸葛亮相见就说："我，子瑜友也。"子瑜就是诸葛亮的哥哥诸葛瑾，这就是典型的关系类寒暄。

4. 职业类寒暄

聊事业、职业、行业、专业等话题。

5. 兴趣类寒暄

比方说年轻人聚在一起聊聊明星、时尚，球迷们聚在一起说说各自支持的球星以及球队等等。

6. 夸赞寒暄

我们来看看下面这个情景：

销售员："张经理，几天不见您，将军肚下去了啊。"

客户："哦，是吗？我这几天每天晚上都出去锻炼。"

销售员："晚上锻炼这么有效啊！我得向您学习啊。"

客户："见笑了。"

销售员："对了，张经理，我听说您的公司要开分店，如果您大宗采购我们的办公桌椅的话，我可以给您打折。"

注意，销售员在夸奖客户的时候要客观，不要弄巧成拙，引起客户的反感。同时应注意避免粗俗的语言和说过头的恭维话，如"久闻大名，如雷贯耳""今日得见，三生有幸"等。

有意透露实力，让身价成为拜访的敲门砖

在销售中，很多客户在乎的是，与自己的合作方是不是够权威，可信度够不够高，实力够不够强，这就是为什么他们宁愿选择以高价与知名企业合作的原因，所以，销售员要学会适时地透露身价，学会表现自己，让客户看见自己的实力，客户才会相信你，也才可能接待你，身价能获得成功的拜访。而展示自己的实力，需要有一定的技巧，不要让客户感觉到你是在自吹自擂。

【实战案例】

小强："您好！我是友好销售培训公司的小强，清华大学一毕业，我就进入这家公司上班了，请多关照。我不知道您以前有没有接触过我们公司呢？但您肯定知道友好销售培训公司是国内第一家专注于网络销售人员业绩成长的服务公司。今天冒昧地打扰您，主要是考虑到您作为销售公司的负责人，

肯定也会十分关注能够让销售人员业绩提高的方法。”

客户：“我知道，你们在业界享有一定的名声啊。”

小强：“我想请教您几个问题（停顿），您公司的销售培训是如何进行的呢？”

客户：“是这样的……”

小强：“我们服务的企业，有20多家是世界500强企业。您想听听他们为什么会接受我们的培训服务吗？”

客户：“好吧，那你和我说说你们的培训吧……”

销售人员以自己的高身价为开场白，往往可以使客户对自己产生信服感。情景中的销售员利用的就是通过介绍自己是某著名公司的职员，用“有20多家是世界500强企业”和“清华大学一毕业，我就进入这家公司上班了”，来彰显公司和自己的实力，从而来与客户交谈。首先在客户面前树立了一种威信，让客户主动提出要了解他们的培训内容，这样有利于推销成功。

【实战要点】

身价高的人，往往从事的职业也不会低。这是人们惯有的思维。对于公司来说，有实力、有名气的公司往往是客户首选的合作对象；对于销售员个人来说，如果销售员的身价太低，客户和身边的人会低看你；把身价提高了，他们会觉得你真了不起，是个大人才！所以在有些情况下，你可以向客户透露一下自己的身价。除了案例中所讲到的方法，销售员还可以怎样透露身价呢？

1. 借助权威机构

你可以说：“小姐，我是清华大学信息研究院的刘小屏，我拜访您的目的是想和您分享一个对您非常有帮助的信息。”

这个例子借助了权威机构作为自己的开场白，达到开场即做到吸引、说服客户的目的。

2. 借助权威专家

你可以说：“陈总，您好。我是美国××公司的销售代表。我们公司即将在本市的水上乐园为我们的新产品做一个大型的展览活动，另外，我们还请来了本领域的专家王和，他将作为本次展览活动的主持人，我相信您一定会感兴趣。”

在这个开场白里，销售员向客户提到了行业领域的权威专家，来增加活动的专业性和正规性，从而让客户接受自己。

3. 借助自己的身份

当然，这种情况下，销售员本身就要有一定的身价，比如：“打扰了，李总。我是杨明，××公司的营销副总裁，不知道您对我们是否了解，我们是一家营销培训公司，在上海和广州都有分公司，我们为××公司等多家知名公司提供了多种服务。”

4. 有意抬高身价

不管你处于什么职位，也不管你做什么推销工作，不必过于谦虚客气，可以适度地自抬身价，只要“抬”成功了，你就会从中受益。

抓住对方的兴趣点，引导客户的好奇心

拜访客户，重要的是抓住客户的兴趣点，这样才能和客户有继续交谈的可能，那么，抓住客户的切入点在哪儿呢？好奇心是人类的天性，所以每个人都存有一定的好奇心。心理学家发现，好奇心是促进人类行为动机中最有力的情感，所以，在实际销售过程中，销售员在拜访客户时，不妨巧妙地利用消费者的好奇心，用新颖独到的开场白满足消费者的喜好，引起客户的注意和兴趣，那么就能在很大程度上促进交易的成功达成。

【实战案例】

推销净水喷头的销售员王亮来到某公司的办公场所。进门后，他微笑着，没有作任何自我介绍，而是直接从包里拿出一样东西，递给一个正吃惊地看着他进来的人，说：“请您看一下这个东西。”

对方还不知怎么回事，手里就接到他递过来的东西。“这是什么？”他边询问边翻来覆去地观察那个看似像喷头的东西。与此同时，销售员又拿出了几个喷头，分给在场的其他人，很快便引起了在场人员的一阵议论，于是他抓住时机展开宣传。这样大家的注意力都集中到了他推销的净水喷头上。

王亮正是成功地利用了人们好奇的心理，直接将大家的注意力转移到他的推销上，并抓住人们观察净水喷头的时间去说服他们。当人们了解到他的真正身份和意图之后，可能已经准备购买了。

楼盘销售员小毛也懂得适度地利用人们的好奇心来刺激客户，从而让客户尽快地与他达成协议、签约。

客户：“你们的楼盘好像没有特色啊？”

小毛：“您可能对我们的楼盘还不了解。您知道它的特点吗？”

客户：“我不太清楚。”

小毛：“我们的理念是‘触摸海市蜃楼’。”

客户：“是吗？”

小毛：“因为我们这个建筑群是依山傍水建造的，在结构和空间上都进行了与众不同的设计，营造出一个世外桃源般的社区，将人们所憧憬的海市蜃楼带到大家的身边来。”

以上就是引导客户兴趣的开场白，作为销售员的你可以借鉴一下。案例中，售楼员用巧妙的语言引起了客户的注意，激发客户的兴趣，让客户感到满意，这是一个好的销售开始。注意，当客户开始注意你时，你就应该立刻抓住机会，激发和保持客户的兴趣，从而促进沟通的进行。

【实战要点】

客户的兴趣很重要，它是激发客户需求欲望的前提。销售员应该知道，对你和你的产品没有兴趣的人是不会成为你的客户的。所以销售员在说开场白时必须抓住客户的兴趣点，再根据客户的兴趣进行重点沟通。具体来说，想要充分激发客户的兴趣，主要有以下几种方式。

1. 了解客户，话题契合客户内心

一天，一位经验丰富的销售员前去拜访一位大学教授，他的开场白是这样的："英国文艺复兴时期著名的哲学家弗朗西斯·培根曾将做学问的人以三种动物做比喻：第一种人，他称呼其为蜘蛛式的学问家，这种人的研究材料不是来自外界的获取，而是自己肚子里本身就有墨水；第二种人，他称呼其为蚂蚁式的学问家，这类人只懂得堆积材料，可是却不能在现实中正常使用；第三种人，他称呼其为蜜蜂式的学问家，擅长于采集百花精华，并用心去酿造蜂蜜。尊敬的教授先生，按照培根的比喻，您认为自己属于哪种学问家呢？"

类似这样的名言，如果与客户的身份相符合，那么一开始就能吸引客户的注意力。客户也会禁不住思考："是啊，我究竟属于哪种类型的人呢？"如此一来，销售员就可以顺着这个问题使谈话继续下去。而推销成功的前提就是和客户有话说。

2. 了解客户，激发客户的需求欲望

销售员刘明在朋友小韩的介绍下鼓足勇气给王经理打了电话："王经理，我是您朋友小韩的同学刘明，我总是听他夸您年轻有为。"

王经理没有接话。

刘明愣了一会儿，又接着说道："如今工艺品十分走俏，也有了更大的市场。"

王经理说道："只是，工艺品往往是质量差，价格又高，如今我也是经营不善，这些年我正为这件事发愁呢！"

刘明："王经理，我刚好在 ×× 公司从事销售工作，我们公司刚好有上百种不同的高档工艺品想要拓展市场呢。"

王经理这才感兴趣地说道："小刘，你能具体说一说吗？"

接下来，刘明就将自己提前准备好的方案详细地跟王经理讲述了一遍，最终说服了王经理，并与之签订合同。

在这个案例的开场白中，销售员刘明掌握了客户的想法后，开始重点介绍自己公司的产品，就这样在满足客户需求的同时，也顺利签下了合同。

3. 了解客户，利用客户的关注点

李娜作为一名销售员，她正在挨家挨户推销自己公司生产的高级果汁压榨机，当她看到一个家庭的男主人为自己打开门后，李娜开门见山地问道：

“我冒昧问一下，请问您家里有高级的果汁压榨机吗？”

男主人一时间愣住了，过了一会儿，他的妻子说道：“我家有一台果汁压榨机，不过，并非是高级的。”

李娜接着又说：“我刚好带了一台高级果汁压榨机。”

她一边说，一边从自己的背包里拿出一台果汁压榨机，并当面向客户讲解使用过程并亲自演示了一遍。

最终，李娜推销出了第一台高级果汁压榨机。

这样出其不意地发问，不让客户马上察觉到你向他们推销产品的意图，而且通过提问，了解客户“有一台果汁压榨机，不过，并非是高级的”。销售员李娜就是抓住客户的关注点，只是声称自己有一种高级果汁压榨机，并未曾询问客户是否愿意购买，由此引起了客户的兴趣。

巧找话茬，化解被冷落的拜访

销售员拜访客户是一个主动上门与人沟通，甚至是一个有求于人的过程，正因为是主动、有求于人，就不可避免地会被一些不想购买东西的客户故意冷落。所以，销售员一定要有化解被冷落的拜访场面的能力。要知道，如果一个销售人员仅仅是因为受到了冷落而打退堂鼓的话，那他一定不会成功拜访客户的，更不能成为一个优秀的销售员。而口才好的销售员通过说一些对

方感兴趣的客套话的方式，就能轻松化解被冷落的场面。

【实战案例】

销售员张琴在一位客户的办公室外等候，由于没有提前预约，客户的秘书知道她是一位销售员，因此不想把老板的工作行程告诉张琴。同时，为了防止张琴纠缠而故意不跟她说任何话，希望张琴感觉到遭受冷落后能自动离开。

这时，张琴突然注意到在秘书的桌上放着一本厚厚的瑜伽书。

于是，她问秘书小姐说："这本瑜伽书您看了没有？"

秘书抬头看了她一眼回答说："正在看！"

张琴又问："没想到您也喜欢瑜伽。您觉得这本书写得怎么样呀？"

"锻炼一下自己！好像蛮有效果的。你也在练吗？"

"我也读了这本书，完全不是因为锻炼，而只是为了了解这个瑜伽流派。"张琴说。

"你觉得哪个流派更好？"秘书问道。

就这样，张琴和秘书谈起了瑜伽。

"怎么你跟我的想法一样？看来我们在某些地方的看法还是很相似的。哦，对了，刚刚我查了老板的行程表，他今天下午4点会有半个小时的时间。"秘书最后说。

客户往往会用冷落销售人员的方式来传达一种"我对你的商品不感兴趣""我根本不想买你的东西""你赶紧走吧"等信息，这种冷落看起来好像很难破解。面对一个完全拒绝沟通的客户该怎么办呢？这时，销售员就要会找话茬子，从而打开与客户的沟通之门。

【实战要点】

拜访时，客户冷落你，你不能不理客户而一走了之。客户之所以冷落你，是因为不想听你介绍产品。这时，你不妨和客户谈些别的话题，从他感兴趣的话题逐渐引入到自己的销售中来。从某个角度看，你所选择话题的质量高低直接影响到拜访客户的成败。所以，如果在销售过程中遇到被客户冷落，一定要会找话茬子。

有人说："交谈中要学会没话找话的本领。"所谓找话就是"找话题"，找交谈的切入点。就像写文章一样，有了一个好题目，往往会文思泉涌，一挥而就地写出一篇好文章来。同样，双方交谈，有了一个好的话题就能使谈话融洽自如。好话题，是初步交谈的媒介，深入细谈的基础，纵情畅谈的开端。好话题的标准是：至少双方都比较熟悉，能谈；双方感兴趣，想谈；有展开探讨的余地，好谈。

那么，怎样去挖掘一个好话题呢？具体的做法有以下几种。

1. 找准兴奋中心

当与众多的人在一起谈话时，要选择众人都感兴趣的事件为话题，激发起大家交谈的欲望。因为这类话题是大家想谈、爱谈，又能谈的，人人都有话，都能发表自己的观点和看法，自然能使话题进行下去，引起众人的议论和发言，进而产生共鸣。

2. 就地取材

巧妙地借用彼时、彼地、彼人的某些材料为题，借此引发交谈。有人善于借助对方的姓名、籍贯、年龄、服饰、居室等等，即兴引出话题，常常能取得良好的效果。即兴引入法的优点是灵活自然，就地取材，但关键是要思维敏捷，能迅速做出由此及彼的联想。

3. 试探询问

与陌生人交谈，先提一些投石问路式的问题，在对对方的年龄、职业、性格、兴趣等略有了解后再进行有目的的深入交谈，便能谈得更为自如。就好像投石问路一样，如在聚会时见到陌生的邻座，便可先“投石”询问：“您和主人是同事呢还是同学？”无论问话的前半句对，还是后半句对，都可就此展开话题；如果问得都不对，对方回答说是“老乡”，那也找到了可以继续谈下去的话题了。

4. 循趣入题

试探出陌生人的兴趣，由兴趣起始，能顺利引发话题。如对方喜欢看电影，便以此为话题，谈电影的品质，讨论故事的情节等。如果你也喜欢看电影，那你们就找到了共同的兴趣，可顺利进入话题；如果平常不怎么看电影，那也正好是个学习的机会，可以静心倾听，适时提问，借此大开眼界。

引发话题的方法很多，诸如借事生题法、即景出题法、由情入题法，等等。可巧妙地从某事、某景、某种情感，进行一番议论。引发话题，重点在引，目的在导，使对方有话可说，激发对方谈话的兴趣。

5. 一见如故

与人交谈时，还要在缩短彼此的心理距离上下工夫，力求在短时间内了解得更加多一些，缩短彼此熟悉的时间，力求在感情上融洽起来。只有志同道合了，才能谈得投机。要做到能与人谈得投机，也有不少方法。

（1）适时切入。看准情势，不要放过应当说话的机会，适时插入交谈，适时地自我表现，让对方充分了解自己。

交谈是双边活动，仅仅了解对方，不让对方了解自己，同样难以深谈。对方如能从你切入式的谈话中获取教益，双方会更加的亲近。适时切入，能把你的知识主动有效地献给对方，实际上符合互补原则，奠定了情投意合的基础。

（2）巧找媒介。寻找自己与对方之间的媒介物，以此找出共同语言，缩短双方距离。如见一个人正在看报纸，可以从报纸上的一条新闻切入，与对方就这一话题展开讨论。对别人的一切表现出浓厚的兴趣，通过媒介引发他们表露自我，交谈也就能顺利进行。

（3）留有空间。留有谈话的空间以便让对方接话，使对方感到彼此之间的心是相通的，交谈是和谐的，进而缩短二人之间的心理距离。因此，与对方交谈时，千万不要把话讲得太满了，把自己的观点讲死，而应是虚怀若谷，欢迎探讨，最好把作结论、归纳的机会留给对方。

口才提升与实战训练

1. 口才拓展训练

道具：一套桌椅。

参加人数：2 人以上。

方法：一人对多人，一人充当销售员，若干人充当客户，模拟日常拜访。

规则：老板和销售员即兴发挥，角色轮流互换进行。

目的：通过训练，锻炼销售人员拜访客户的能力。

2. 口才情境分析

小张是一家公司负责开拓集团消费（团购）业务的一名业务人员，公司让他出去拜访一位政府办公室的重要客户。这次去拜访，小张的任务一方面去交流沟通，另一方面从侧面了解工作中的不足，做一下市场调研。

销售（开场白）："××老师，年底了，我们来做个年终总结，跟您汇报、交流一下我们今年的工作情况，也为来年我们双方更好的合作做些准备。"（说明：政府客户，通常称××老师）

客户（开场白）："你们太客气了，我们区××部门的那个项目你们公司参与竞标了，进展得怎么样……"

请分析小张的这个开场白有何优点和欠缺？

参考答案

拜访的开场白要吸引客户的注意力，引起客户的兴趣，使客户乐于与我们继续交谈下去。同时，找出客户最关注的价值并结合陈述。要尽量以问题结束你的开场白，否则会陷入暂时的僵局。小张面对重要客户，更要有吸引客户的亮点。没有用提问引导客户的谈话，是小张的不足之处。但是，小张在开场白中巧妙地表达了对客户的尊敬之情，给客户留下了良好印象。

3. 口才实战训练思考

如果你是一家公司的业务员，去拜访一位客户，而这位客户与另一家竞争对手供应商的关系非常好，不太可能购买你们的产品。这时，你会如何设计这个开场白？

参考答案

初次见面的第一句话是留给对方的第一印象，这第一句话说好说坏，关系重大。说好第一句话的关键是：亲热、贴心，消除陌生感。那么如何才能说好这第一句话呢？这里有几种常见的说话方式。

第一种方式就是问候式。凡见面必要相互问候，这是对人的礼貌，是一个人基本修养的体现。所以，要想对方很快认可你、接纳你，不妨就用问候语作为你们交谈的开始吧。

经常会用到的问候语就是"您好"。如果能够根据对象的不同、时间的不同而使用不同的问候语，效果会更好。对德高望重的长者，问候时要充满了敬意；对年龄与自己相仿者，问候要显得比较亲切；对比自己小的人，问候要显得平易近人。如果有特殊的职业，还可以以职业作为称呼来问候，有尊重的意味。如果在节日期间，可以说“节日好”“新年好”，给人以祝贺节日之感；如果是在一天的早晨可以说“您早”“早上好”。

双方见面，要主动问候，以示礼貌。特别是当晚辈见到长辈、下级见到上级时，作为晚辈、下级的你要积极主动地问候对方，不要等对方来问候“您老人家”，否则，你可能会得罪人，令对方很不高兴；而他则可能会认为你这个人没礼貌、没教养，不会继续与你交谈。

第二种方式就是攀认式。攀认式就像“拍马屁”一样，给对方一种高攀的意境，让他觉得自己的地位高，受人尊敬；同时，由于人固有的拉关系的心理，所以，在与对方开始说话的时候，不妨用拉关系的方法开始话题。这里说的关系有很多，比如说故友、校友、同事等，只要是能将你们归为一类，可以说都是一种关系。巧妙地将自己与对方归到一类里去，那么你们之间就建立了一种关系，它会成为你们敞开心扉交谈的催化剂，你们之间的陌生、顾忌就会消失很大一部分。

第三种方式就是敬慕式，巧妙地将他人放在上风处。对初次见面者表示敬重、仰慕，这是热情有礼的表现。

第3辑 真诚赞美客户，拉近彼此间的心理距离

没有人不喜欢被赞美，这是人的一种天性。所以，赞美用语就成为销售工作最好的润滑剂，用语言赞美客户其实是一种投资最少、效果最好的方法。因此，销售人员要不吝啬赞美的语言，真诚地、多多地赞美客户。但是，赞美客户也是有技术含量的，根据不同对象从不同的方面去赞美，赞美得恰到好处，才能拉近与客户间的心理距离。

说客户爱听的话，对方才会高兴地听你说

让客户爱听你所说的，最直接的办法就是说客户爱听的话，这样不会引起客户的反感。因此，要想轻松地引入话题，与客户畅快地交流，学会先说对方喜欢听的话是很重要的。但需注意的是，客户除了爱听那些常见的恭维话以外，不同的客户爱听的话也有所不同。

【实战案例】

一家建筑公司在费城承包了一幢办公大楼的建筑工程。一切都进展得很顺利，眼看就要完工了，突然，负责提供内部装饰用的铝材的承包商宣称他们将无法按期交货。眼下，又没有其他公司能够供货，如果找不到铝材，工期就会推迟，这将会给公司带来巨大的损失。

长途电话、争执、不愉快的会谈，全都没有效果。于是公司派出很有口才的吉姆前往纽约，当面说服铝材承包商按期交货。

吉姆走进那家公司董事长的办公室之后，立刻就说："您知道吗？在整个布鲁克林区，有您这个姓的，只有您一个人。"

董事长很是吃惊："是吗，我并不知道。"

"哦，"吉姆接着说，"今天早上，我下了火车之后，就查阅电话簿找您的地址，看到在电话簿上，布鲁克林区有您这个姓的只有您一个人。"

"我一直不知道，"董事长说。他很有兴趣地查阅电话簿。"嗯，这是一个很不平常的姓，"他骄傲地说，"我这个家族从荷兰移居纽约，几乎有200年了。"一连好几分钟，他继续说到他的家族及祖先。

当他说完之后，吉姆就恭维他拥有一家很大的工厂，吉姆说他以前也拜访过许多同一类型的工厂，但与他这家工厂比起来就差得太多了。"我从未见

过这么井然有序的铝材厂。”吉姆继续夸奖说。

“我花了一生的心血建立这个事业，”董事长说，“我为我的工厂感到骄傲。你愿不愿意到工厂去参观一下？”

在参观过程中，吉姆仍然继续恭维董事长的组织制度健全，并告诉他为什么他的工厂看起来比其他的竞争者好，以及好在什么地方。吉姆还对一些不寻常的机器表示赞赏，这位董事长就宣称是他发明的。他花了不少时间，向吉姆说明那些机器如何操作，以及它们的工作效率有多高。他还坚持请吉姆吃午饭。

有人可能会觉得奇怪，从见面到现在，吉姆竟然会对生意上的事一字不提。并且，不少人已经对他能否说服对方抱有怀疑了。

吃完午饭后，董事长开门见山地说：“现在，我们谈正事吧。我知道你这次来的目的，只是，我没有想到我们的相会竟是如此愉快。你可以安心地回到费城去了，我向你保证所有的材料都将如期运到，即使延误其他的生意我也不在乎。”

吉姆一直没开口要求，就达到了他此行的目的。那些铝材及时运到，办公大楼就在契约期限届满的那一天完工了。

每一个人都有自认得意而希望别人欣赏和赞美的事情，这事情的本身，可能没有多大的价值，但在他本人看来，却是一件值得终身纪念的事。如果你能在有意无意之间，很自然地讲到他得意的事情，只要他对你没有厌恶的情绪，只要他目前没有其他不如意的刺激，在情绪正常的情况下，他一定会高兴听你说的。可见，人人都喜欢听好话、美话，即使是初次见面的人也不例外。恰当地使用对方喜欢听的话开始交谈，可以消除人与人之间的陌生，拉近交谈者间的距离。

【实战要点】

说客户爱听的话，往往会让客户将拒绝转化成一种购买的理由。如当一位女客户提出“这个商品的价格太贵”的时候，销售人员应该回答：“是呀！的确很贵，名牌产品哪有不贵的道理呢？”并用赞美的眼光看着她说：“像您这样的人，既漂亮，身材又好，就更应该穿名牌，那样才能更显出您的高贵和典雅。”客户听得高兴，自然就会给你推荐的商品买单。那么，怎么找客户爱听的话题呢?

1. 客户爱听赞美之词

用赞美开始交谈，从哪个方面赞美，就需要销售员随机应变了。这样不仅会使客户高兴，更会消除陌生人或生意人之间常有的那种戒心，以此来打开话题。

2. 顺从客户的意思往下说

当客户表达某种看法的时候，即便自己有不同意见，也不要反驳，而是顺从对方的意愿往下说，站在客户的角度理解他的想法，这样才会使客户有与你交谈的兴致。顺从客户的意思往下说也是销售高手们常用的一种沟通技巧。

3. 给客户戴“高帽子”

人在很多时候需要用荣耀感来满足自己。尤其是有身份、有地位的人，假如你在成交之前给他戴一顶“高帽子”，特别是有他朋友在场的时候，那么，你的成功机会就非常大了。

4. 找客户自鸣得意的事情说

找到客户自以为得意的事开始交谈，往往能迅速拉近自己与客户间的距离。但是，对于交际中碰到的对象，有的甚至是初次见面，要从哪里去探听他们得意的事情呢?这就需要另谋途径去了解你的交谈对象。你可以充分利用自己的资源，看看朋友当中，有否与对方有交往的人，如果有，向他探听当然是最容易的。此外随时留心交际场中的谈话，从谈话中探听到对方得意的事情。在打听对方得意的事情的时候，一定要弄清楚来龙去脉，注意这些事情是否因对方受到某种打击已经成为过眼云烟，如有这种情形，千万不可再提起，那等于是自讨没趣。

赞美要围绕客户的年龄、性别展开

在销售过程中，对客户施以有针对性的赞美，可以在瞬间拉近双方间的距离，消除陌生感，打开对方的心扉。由于性别、年龄的差异，每个人的审美观和兴趣都不同，所以，销售员在赞美客户的时候，不能生搬硬套，对每位客户都用同一套赞美的语言。如有的话，老年人也许感兴趣，年轻人听了就会不舒服；有的话，男人爱听，女人就不爱听。因此，对于不同性别、职业、性格和年龄的客户，要使用不同的赞美语言，千万不可一刀切。

一个二三十岁的年轻人不管有钱没钱、地位如何，关注最多的肯定是与同龄人相比，自己是否更优秀、更成功；一个四五十岁的老板不管事业多成功，他可能关注最多的是自己子女的将来发展；一个六七十岁的老人不管身价多少、经历如何，他可能最关注的是自己的健康。由于不同年龄段的人群关注点不同，因此，销售员的赞美角度也应该不同。

【实战案例】

一位销售员向一位穿着雍容华贵的中年女士推销一款护发素。

销售员："您的头发经常烫染吧，这多伤头发呀，如果能做一次全面的护理，将会更加有助于保护您的发质。这款护发素的质量非常好，姐姐要不要考虑一下。"

女士："下次再说吧。"

销售员："姐姐，您看起来非常有气质，您保养得真好，建议您以后别忽视了发质的保养，不然，您的头发盘起来就没有现在这个效果了。"

女士笑笑说："那就保养一下头发吧。"

这位销售员又向一位穿着时尚、化妆浓艳的年轻小姐推销一款护发素。

销售员："您这么好的发型，没有好的头发，再好的发型也会大打折扣的。这款护发素的质量非常好，妹妹，要不要考虑一下买一套？"

女孩："下次再说吧。"

销售员："妹妹，您这么年轻、这么漂亮，您一定要将这样亮泽的发质保持下去。"

女孩想了想说："那就买一套护发素吧。"

不同层次的人在购买产品时会呈现出不同的心理特点，自然赞美的角度也就不同。案例中，中年女士一般注重保养，所以销售员从"保养得好"这个角度赞美她；年轻女孩一般追求时尚，所以销售员从"年轻漂亮"这个角度赞美她。所以，针对不同年龄段人群的特点，销售员平时就要多积累一些赞美性的语言，这样才能在面对客户时运用自如。

【实战要点】

同样意思的赞美语，用在不同客户的身上不一定都合适。客户有别，赞美的方式、内容等应有所不同，这样才能真正达到赞美的效果。所以，销售员在赞美客户时，要注意客户的差异性。

1. 男女有别，赞美也应不同

喜欢被赞美是人的天性，男女都一样喜欢听到赞语，只是他们喜欢听的内容不同。销售人员应注意：

（1）赞美女性客户，可从其外表、内涵气质以及其才艺技能等方面入手；对于年长的女性，还可赞其对子女的教育、对家庭的付出等。

（2）赞美男性客户，可将其人格魅力、独特本领、社会贡献、家庭亲友、辉煌事迹等作为切入点进行赞美。

2. 年龄不同，赞美也应不同

人在不同的年龄段，其身心特点及追求等都不相同，爱听的话也不相同。

（1）面对青年客户，销售人员可赞其年轻、时尚、有活力、有能力、有个性、有前途等。

（2）面对中年客户，销售人员可从其事业、家庭、经济实力、人脉关系以及举手投足的成熟、稳重等方面进行赞美。

（3）面对老年客户，销售人员要赞其身体、年龄、阅历、爱好等，但要尽量避免涉及年龄。

3. 职位不同，赞美自然有别

（1）如果面对的是公司客户，销售人员不妨赞其发展历程、公司品牌、产品质量、公司业绩等。

（2）如果面对的是个人客户，销售人员可赞其仪表、谈吐、举止、才华、成就等。

（3）当面对老板的时候，销售人员要强调对方的经营管理能力，可借助他人之言、媒体报道等。

（4）当面对办事人员的时候，销售人员要着重强调对方的办事能力，赞其发展、晋升潜力。

另外，不同性格特征的人，想听的赞美语也不尽相同。销售人员在赞美之前，还应准确把握客户的性格。这样才能真正掌握赞美他的法门，否则，你的赞美可能会自讨没趣。

尽管客户不同，赞美应有差别，但销售人员要记住一点：真诚、具体、符合场景、有个性等要点应贯穿于所有赞美语之中。

赞美要有新意，别与不同的客户说相同的话

在与客户沟通中，赞美客户能达到快速取悦客户的目的，并在客户心里留下良好印象。因为每个人都喜欢听赞美的话，对赞美自己的人自然会有好感。如果我们希望赞美起到最佳作用，最好用点心，使得赞美有新意。否则，毫无新意的，只是一句奉承的话反而增添了客户对你的不信任感，拉开了你与客户之间的距离。

【实战案例】

郑小姐原本是位身材苗条的女士，但自从生下第一个孩子后，身材完全走形了。现在，她无论买什么衣服，都不像以前那样干脆了，而是会反复斟酌，直到自己认为真的合适才会购买。

一次，她去一家服装店买裙子，试了很多个款式，总是觉得不合适。她站在镜子前感叹道："怎么就没有一件适合我的啊，唉。"

这时候，专卖店的老板走上前去，笑着说："怎么了，美女，您的气质这么好，穿什么衣服都会好看的，试试这件吧，或许更适合您呢。"说着拿过了身边的一条连衣裙。

听了老板的这番话，郑小姐拿过裙子，进了试衣间，出来后她在镜子前不断地扭来扭去，也感觉自己穿上这条裙子还真是挺合适的，而且裙子非常的漂亮，脸上露出了满意的微笑。这时候，老板又说了一句话："真是赏心悦目啊，您身材这么好，穿上这条裙子真的太漂亮了，跟电影明星似的。"

郑小姐听完，脸色马上变了，顺便说了一句："您是不是对每位试衣服的女士都这么赞美的啊？"

虽然郑小姐用了一个"您"字，但老板明显听到郑小姐口气中的不悦，她觉得老板太假了。于是放下衣服，离开了专卖店。

案例中，郑小姐之所以没有购买自己看中的那条裙子，是因为老板那句毫无新意甚至有点不符实际的赞美："真是赏心悦目啊，您身材这么好，穿上这条裙子真的太漂亮了，跟电影明星似的。"对此，郑小姐的回答是："您是不是对每位试衣服的女士都这么赞美的啊？"可见，不是任何女士都完全认同别人对自己美丽、漂亮的夸赞。如果情况不符实际，就会显得虚假，你的赞美就显得陈旧，不仅产生不了作用，还会令客户心生反感。

【实战要点】

作为销售人员，该如何让赞美显得更有新意呢？以下几点可以参考。

1. 于细节处赞美

比如，如果客户是一位女性，一开始就夸对方"您很漂亮"，客户一方面会感到高兴，另一方面会不知所措。所以，单刀直入地夸奖之前一定需事先铺垫，否则的话只会成为令人难以接受的奉承。对此，我们不妨一反常态，从一些细节处赞美。比如，夸赞对方所带的东西或饰品等，如“您的衣服很合身”“饰品很可爱”“发型很有特色”……

这些夸奖的话，表面上是在夸奖东西，事实上是在夸赞对方的眼光，而被夸的一方不但不会不知所措，反而因为自己身上的东西受到高估而感到高兴，她们会认为你们在价值观上存在着很大的共同之处，这样，一下子就缩短了双方间的心理距离。

2. 赞美对方的精神层面

（1）赞美对方的态度和行为。像“言行得体”“活泼大方”“容易亲近”等，为了在不同程度上和以不同的模式夸奖对方，你必须准备一些话语，仔细观察对方，在适当时机套入话语。

（2）赞美对方的品质。比如，当面对的是一位男士的时候，在销售过程进行的最后，不妨说“我觉得您是位值得尊敬的人”“我觉得您真是位体贴的男士”……无须修饰脱口而出，给对方留下好印象。

（3）赞美对方的品位。如你可以赞美客户的穿着：“听说您退休前是一名服装设计师，怪不得呢，您今天这身搭配，让人觉得耳目一新，您肯定有一套自己的搭配秘诀。”这样的赞美，多数情况下都会让客户心花怒放。

所以，只有有新意的赞美，才能把赞美说到客户心里，进而加倍成就他自信的感觉，从而对我们的销售工作助一臂之力。

把握赞美尺度，言辞不要太露骨

赞美的语言非常微妙，把握不好，反而会弄巧成拙。所以，销售员千万不要说空话、大话，这反而会招致客户的反感。赞美的内容必须是真真切切发生在客户身上的事情。如果销售员的赞美没有一句符合事实，客户听了就会产生怀疑和抵触情绪，还会给对方留下一个“太虚伪，不值得信任”的印象。

【实战案例】

小王是做美容产品销售工作的新人，这天，她在打电话联系客户。

小王：“李太太吗？您好！我姓王，是××化妆品的业务代表。您是一位漂亮的女士，我想直接和您谈些美容的问题。”

“对不起，王小姐，你过奖了，我现在还有事，以后再联系吧。”对方将电话挂掉。

小王放下电话，接着又打了十多分钟，可每次的结果都一样，刚搭上话就被拒绝了。她放下电话，看上去情绪很低落。经理杨姐见状，就过去安慰她：“小王，你知道客户为什么不肯与你讲话吗？”

小王说：“约见客人难，大家都知道，但两句话就被对方拒绝，觉得非常丢人。”

杨姐对小王说：“赞美客户是必要的，但赞扬的话不能太空洞，而且最好是结合具体的事实。像你这样一上来就大肆地赞美对方，反而会让对方产生一种心理上的抵触。其实你一开始应该表明自己的来意，让客户有个心理适应过程。”

那些基于事实、发自内心的赞美才能引起陌生人的好感。与陌生的客户第一次沟通，销售员通常不太了解对方，若无根无据就给对方戴“高帽子”，反而显得十分虚情假意。太露骨、太空洞的奉承会给人一种急功近利的感觉。那么，销售员如何赞美对方，才能做到具体实在、有骨有肉？

【实战要点】

赞美客户不可太露骨，销售员在赞美客户时一定要把握好以下几点。

1. 要有事实作为基础

每位客户都有值得赞美的地方，客户曾经取得的成绩，一些值得骄傲的过去都是不争的事实，这些事实是销售员在交流过程中的基本依据。带有事实依据的赞美会触发对方内心深处的感受，让客户可以心安理得地接受，从而加深对销售员的印象。

2. 找到一个可以赞美的点

销售员必须找到赞美客户的出发点，然后从这个点来展开话题。千万不要想到什么说什么，这样不但客户无法理解你的意思，甚至你自己也不清楚在说什么。

3. 找到客户的优点或长处

销售员要善于挖掘和发现客户身上所具备的优点和长处，比如性格、脾气、工作等。当然，这个优点必须是客户认可的，如果销售员只是凭自己的想象想当然地赞美，有可能赞美的优点正好是客户的痛处，这反而适得其反。所以，在寻找客户优点和长处时，一定要试探性地确认一下。

真心夸赞，别让赞美成为虚假奉承

在销售话术中，赞美是拉近与客户距离行之有效的方法。虽然客户喜欢赞美，但却不喜欢奉承和拍马屁，因为那是虚假的。那到底赞美和奉承有什么区别呢？简单地说，发现一个优点加以夸奖就是赞美；强加一个优点加以称赞就是奉承。所以，销售人员赞美客户时，一定要真心夸赞。通过真心夸赞，才能把最真诚的感谢献给客户，才能通过赞美获得客户的回报。

【实战案例】

一位销售铝合金建材的销售员按照约定去拜访一家房地产开发公司老板王总。老板秘书告诉他："王总马上要出门，你最好在5分钟内把事情讲完，否则你得到这单生意的机会就很渺茫了，因为老板不喜欢在一个销售员身上浪费时间。"

销售员走进办公室的时候，王总正伏案处理文件。

"你好，你有什么事吗？"王总问道。

销售员："您好，王总，我是专门给房地产开发企业推销铝合金建材的销售员××。咦！您的办公室布置得不仅气派，而且还很雅致，让人一进来就感觉心里很敞亮。"说话时，销售员的脸上呈现出羡慕的表情。

王总："是吗？我也非常喜欢这样的装修风格，可是工作太忙了，现在我甚至一连几周都顾不上好好看它一眼。"

销售员："您不愧是做房地产的，这样的装修看起来非常有品位。您知道，我见过很多老板的办公室，但是还没见过这样让我心动的办公室呢。"

说着，销售员走过去，用手来回抚摸桌子："这是用英国栎木做的，对吗？英国栎木的组织和意大利栎木的组织就是有些不一样。"

王总："不错，这是来自英国的栎木，是一位朋友为我挑选的。你对木制品还真是有研究。谢谢你的赞扬，实际上这桌子是整个办公室我最喜欢的东西。"

接着，王总滔滔不绝地讲了自己如何设计这间办公室、当初如何创业等。销售员认真倾听着，并不时给予回应或由衷的赞美。时间不知不觉就过去了半个多小时，王总还是意犹未尽，直到最后谈到了销售员推销的铝合金建材。结果，这位销售员轻而易举地拿到了该公司的两个楼盘项目的铝合金建材订单。

有时候，一句适当的赞美比贵重的礼物更让人舒心，但销售员的赞美要发自内心，要经过思考，要有诚意，否则将适得其反。销售员切记不要对自己不熟悉的东西妄加评论，否则就容易出错，所以即使是赞美也要把话题引至自己熟悉的领域中来。

【实战要点】

如何对客户赞美才能让客户感觉是真心的赞美，让你的美言发挥到最大的效用呢？

1. 赞美要具体，不能太抽象笼统，不能一味地泛泛而谈

例如："李总，您的办公室可真漂亮。"这句话听起来就像是有意恭维。而说："张总，您的办公室装修得虽然简洁，却非常有品位，可见您是一位做事干练、内心有修养的人。"这样的赞美就很恰当。

2. 迅速发现对方值得赞美之处

赞美客户服饰、气质、说话声音、语调语速、行为举止等。在交谈过程中，通过了解，你还可以发现客户的性格、工作能力等值得赞美之处。

3. 间接赞美比直接赞美更有效

借第三者的话来赞美对方。比如说你见到某甲，你对他说："前两天我看到 ××，他对您推崇极了。"不管这是真是假，某甲都会对你非常感激。

4. 赞美贵在自然，千万不要做作

例如，有的销售员去客户家推销时，只要见主人是女的，便张口就说"您长得真漂亮""您打扮得真漂亮"或"您显得真性感"，这样的赞美就显得不够自然、不得体，会遭到女主人的反感。你可以说"您很时尚呀""您是一位有福相的女士"。所以，为了避免你的赞美不当，千万不要突然没头没脑地就大肆赞美。你对对方的赞美应与你们眼下所谈的话题有所联系。如："您家真的很整洁，一看您就是一位会持家的女士。"对方提及的一个话题，他讲述的一个经历，也可能是他列举的某个数字，或者他向你解释的一种结果，都可以用来做赞美的引子。例如："您说的话真让我大开眼界，您的见识独到。"

5. 赞美要注意措辞恰当

赞美如果措辞不当，不仅起不到赞美的效果，可能会产生相反的语意。如一位男青年看到一位认识的女士和她的男友在用餐，女士穿戴很漂亮，男青年想恭维 下对方，就说："今晚你看上去真漂亮，很像个女人。"这位女士的男朋友生气地说："那么，她平常看上去什么样呢？像个男人吗？"

可见，这些原本想要赞美的话会因为用词不当让对方听起来不舒服，结果自然是事与愿违。所以，销售员在表扬或赞美他人时也请谨慎措辞。

口才提升与实战训练

1. 口才拓展训练

道具：纸和笔。

参加人数：2 人以上。

方法：一人充当销售员，对参与活动的其他人逐一赞美。

规则：对参与活动的其他人销售员可以自定角色，被赞美的人向销售员陈述赞美后的感受。角色轮流互换进行。

目的：通过训练，锻炼销售人员赞美客户的能力。

2. 口才情境分析

张敏是一位外企白领，业务能力很强，在年会上，主管让办公室的每人对张敏说一句最贴切有效的赞美的话。

小王说："张敏，你今天真漂亮呦！"

小张说："张敏，你的工作能力太强了！"

小李说："张敏，这么努力，日日夜夜，不注意休息，也难得你的皮肤还这么好，我对你提出抗议！"

小杜说："张敏，你的皮肤像你的工作一样超一流！"

你如何看待小王、小张、小李和小杜对张敏的赞美？

参考答案

赞美人人都需要，但赞美必须真诚自然，切忌过于直白空洞，小王、小张的赞美就是这样，而小杜的赞美则过于生硬，矫揉造作，让人感觉很不舒服，甚至会有人认为你到底是夸我呢，还是在骂我。而小李的话则欲扬先抑，明面上是在批评张敏不注意休息，实则是赞美其皮肤之好，话语体贴而又含蓄，恰到好处，小李的话最恰当。

3. 口才实战训练思考

把自己公司每位同事当成你的客户，假装去拜访他们，用赞美的语言设计一段对话，想一想，该如何说，这些“客户”才真的开心？

参考答案

大多数人天生就渴望赞美，一句赞美的话，就像是魔棒在他的心灵上点击而闪出的耀眼火花。赞美是一盏明灯，它照亮了人的心灵，也照亮了人性美丽的面容，一句真心的赞美，胜过任何以金钱和虚荣为形式的伪装。

赞美首先要真心诚意，你真正喜欢、佩服对方的优点和长处，才去赞美。人性中有一个优点，就是“无功不受禄”。如果毫无根据地赞美一个人，他会感到莫名其妙，觉得你油嘴滑舌、诡诈，进而引起他对你的防范。运用巧妙的语言，不要赤裸裸地赞美：“你美死了”“你工作能力太出众了”之类。有时委婉的批评也是一种赞美，比如对一位职业女性，你就可以说：“你这么努力，日日夜夜，不注意休息，也难得你的皮肤还这么好，我对你提出抗议！”赞扬和劝勉并举。

第4辑 运用发问技巧，准确把握客户的需求

在销售过程中，对客户的想法不知道，对客户的需求不清楚，怎么办？这时，最有效的方式是利用提问来探知客户的需求。提问客户是一种手段，但需要一定的语言技巧，销售员只有掌握了提问的语言技巧，才能够准确把握客户的需求。

开门见山直接提问，让沟通更高效

在大多数人的印象中，能说会道总是推销的有力武器，所以多数公司热衷于招聘口若悬河的销售员，这样的销售员往往第一次与客户见面就喋喋不休地介绍他们从事的业务或产品。这些人的口才是很不错，但往往说了半天也难说到重点。原因在于，这样向客户介绍，只能让客户明白你的目的和情况，至于客户有什么需求，销售员并不知道，自己对客户的业务或产品介绍没有切中要害，说得再好，客户也很难对销售员的话感兴趣。所以，在推销过程中，准确把握客户的需求才是最重要的。很多时候，销售员可以换一种做法：见到客户，不妨直接询问他需要什么，做到有的放矢，沟通才会效率高。

【实战案例】

一天，蓝鸟咨询公司业务员小王去拜访一位客户。

小王："您好，我是蓝鸟咨询公司的业务员小王，请问你们需要人力优化服务吗？"

客户："我们不需要。"

小王："那么，咨询这块，你们需要什么服务？"

客户："在销售的培训方面，我们需要优化和提升。"

小王："哦，好的，请您先介绍一下贵公司目前的情况，好吗？我想我要根据具体的情况才能做出比较全面的分析，给您提供合适的解决方案，做出来您看看？"

客户："你们公司是什么情况？"

客户听了小王对公司情况的介绍后说："好，我知道你们是一家不错的公司，那我把公司的资料给你，等你做方案？”

小王：“好的，好的，我们尽快把方案做好给您。那我们什么时候签协议？”

客户：“就现在吧。”

……

短短两分钟，小王就与客户沟通完毕。客户满意，小王也觉得满意。

在这个案例中，小王直接向客户询问：“你们需要人力优化服务吗？”“你们需要什么服务？”从而找到了客户的需求，更找到了合作点。这种开门见山式的提问，是引起客户注意和兴趣的方法，省去了寒暄和客套，这种方式一开始就涉及了主题，让双方沿着客户的需求谈下去，大大地提高了沟通的效率。

【实战要点】

客户需要什么？开门见山式的提问是销售员获得客户需求最快捷的途径，也是高效沟通的起点。开门见山式的提问要求做到以下几点。

1. 应具有一定的针对性

针对性具有双面性：一是客户可能存在的，二是销售员自己能够解决的。不要提问与自己无关的问题。

2. 应简单明晰

做到有的放矢，一语中的，不可泛泛而谈。

3. 应表述明确

避免使用含混不清或模棱两可的问句，以免客户费解或误解。

4. 应突出重点，扣人心弦

不能不痛不痒，让客户没有感觉。

5. 应顾全大局，迂回出击

不能绕来绕去不抓重点，也不可过于直白。

6. 提问要适度

要把问题提得准，提得富有启发性。

7. 提问题要适量，恰到好处地掌握提问的频率

问题的设置应疏密相间，要留给客户充分思考的时间和空间。不能一下

子提出一大堆问题，令客户不知道回答哪个好。

如果做不到这几点，销售员得到的将不是客户积极的回答，而是消极的反应。有些问题的提出使我们能通过客户的回答，看出客户对产品感兴趣的程度，从而借此来区分客户。对兴趣度确实很低的客户，可以迅速调整策略，采用其他的提问方式。

开放式提问，掌握客户深层次需求

可以说，向客户提问的过程，就是销售员获取有价值信息的重要过程。因此，销售员在向客户提问时，应尽量避免提只用“是”或“否”就能回答的问题。因为这样销售员得到的信息会很少，为了进一步明确客户的需求，不得不向客户提出很多问题，而过多的提问可能会吓跑客户。所以，在初次接触客户的时候，销售员就需要向客户提出一些具有开放性的问题。

所谓开放性问题，就是指没有明确的特指对象，对答案没有局限的问题，这样可以让客户畅所欲言，充分阐述自己的意见和看法。

【实战案例】

章雨刚刚担任华为公司销售员的时候，华为在信息行业还只是一个新兵。

有一次，章雨准备到一家公司推销华为电子设备。可是在他刚刚亮明身份时，那家公司的经理就告诉章雨：“你不需要在这里浪费时间，我们一直以来都与 IBM 保持着良好的合作关系，而且我们还将继续合作下去。因为除了 IBM，我们不相信任何公司的产品。”

章雨仍然微笑着注视那位公司经理，他的声音中没有半点沮丧：“您觉得 IBM 公司的产品确实值得您信赖，是吗？”

公司经理回答：“那当然了，这还用说吗？”

章雨继续问道：“那么，使用IBM公司的产品这么多年了，您觉得它最令您满意的地方是什么？”

公司经理饶有兴趣地答道：“那要说起来可就太多了，不过总的来说，IBM的产品具有一流的质量、最新的研究技术和多年的良好信誉。它几乎就是信息产业的权威代表。我想仅仅是这些特点，就很值得我们继续与其保持合作了。”

章雨又问：“我想，您理想中的产品不应该仅仅包含这些特征吧？如果IBM可以做得更好，您希望他们有哪些改进？”

公司经理想了想回答说：“我希望某些技术上的细节更加完善，因为我们公司的员工有时会埋怨某些操作不够简便，可是我不知道现在有没有办法解决这些问题。当然了，如果IBM愿意的话，我还希望产品的价格能够再降低一些，因为我们公司的需求量很大，每年花在这上面的费用一直居高不下。”

章雨此时胸有成竹地告诉公司经理：“我可以认真而自豪地告诉您：我们公司产品的技术水平和质量水平同样是世界一流的。而且，最重要的是，我们的产品可以根据您的要求量身打造！因为，我们公司的这项业务刚刚起步，所以看重的不是利润而是客户的最大满意度。我们只有用低价策略和优质服务才能打开市场，才能赢得像您这样的大客户！”

看到自己提出的几项条件华为基本都能满足，公司经理当即表示先购进一小批产品试用。

销售行为的成功，很大程度上依赖于销售员对客户的了解程度。因此，向客户进行开放式提问是销售员获取有价值信息的有效途径。当然，这一类问题虽然比较开放，但需要销售员把握好度，否则会让客户不知道从何说起。另外，在客户回答问题的时候，销售员需要认真倾听，这样才能在此基础上提出更深入的问题，从而更好地挖掘客户的深层次需求。

【实战要点】

开放式提问的特点是：一般情况下，客户不能用“是”或“不是”来回答，而是需要根据提出的问题作多方面的回答，答案没有唯一性。销售员在去拜访客户之前，最好是把想提出的问题用笔记下来。这些问题要包括客户的需求、客户的困难、客户的关心点等，当然也要列出能让客户对销售员做出承诺的问题。

在销售中，开放式提问主要运用在以下几个方面。

1. 获取客户基本信息

开放式提问能帮助销售员有效地从客户那里获得所需要的信息，而且不至于遭受拒绝或者冷场。比如可以使用以下问句：

“贵公司现在使用什么品牌的产品？”

“不知道你们的业务倾向于什么样的渠道，你们目前代理的牌子是……”

2. 了解客户对公司或产品的意见

在获取客户的相关信息之后，你应该针对客户使用产品的意见，尤其是怀疑的地方提问，以进一步发掘客户的明确需求。常见的提问句式有：

“您对该产品最不满意的地方是什么？”

“有哪些事情让您放心不下呢？”

“您在哪些方面考虑得比较多一点？”

“除了这一点，您还对哪些方面不满意？”

“什么原因妨碍您做出决定？”

“可以请教一下，除了我们之外，还有谁在与您联系？”

“您认为他们什么方面做得更好？”

3. 引导客户解决问题

当客户提出心中的怀疑时，销售员毫无疑问应该帮助客户解决问题。只有让客户的怀疑得到有效解决，才能促使客户产生购买行动。常见的提问句式有：

“您认为怎么样？”

“您认为这样解决满意吗？”

比如，一位客户想购买一款电脑软件，但是因为之前没有接触过，而且市场上软件种类繁多，他不敢确定自己的选择是否正确。销售员通过提问发现客户这一担心时，就对客户说：“既然这样，我建议您试用一段时间，到时候您可以根据试用效果来确定到底要不要这款软件。您觉得怎么样？”

4. 帮助客户做出购买决定

当客户所有的疑虑都被消除之后，剩下的事情就是销售员帮助客户做出购买决定了。一般情况下，客户对于销售员的开放式提问还是比较乐于接受的。如："那么，我们已经在产品型号、价格、运输以及服务合同方面都达成了一致，对吗？还有什么其他问题吗？"

封闭式谨慎提问，精准探知客户需求

相对于开放式提问而言的就是封闭式提问。封闭式提问与开放式提问恰恰相反。开放式提问虽然能够让客户畅所欲言，甚至能与销售员谈得比较投机，但最终却可能在浪费了大量时间与精力的情况下，得不到任何有价值的信息，而在这个时候，封闭式问题是最好的补充。它经常利用"哪一个""是否""对吗"等询问词来限定客户回答的范围，从而让客户的回答比较明确、具体，进而帮助销售员真正找到客户的需求。

【实战案例】

有一位高明的汽车销售员在向客户推销汽车时就经常使用封闭式提问的方法。凭多年的推销经验，他知道客户要做出这项决策并不容易，特别是老年客户。他如果这样说："××先生，只需付128800元，这辆车就归您了。您看怎么样？"此时客户并不能轻松地做出决策，他也许需要时间考虑。但是这位销售员通过和客户进行下面的一段对话，卖出汽车就变得顺理成章了。

"您喜欢两个门的还是四个门的？跑车流行两个门的，其他车型还是四个门的舒服……"

"哦，我喜欢四个门的。"

"您喜欢这几种颜色中的哪一种呢？红色代表炽热、爱恋和关怀；蓝色代表含蓄、飘逸和诱惑；而黑色则代表深沉、稳重和神秘……"

“我喜欢红色的。”

“您要车底部涂防锈层吗？”

“当然。”

“要有色的玻璃吗？”

“那倒不一定。”

“汽车胎要白圈吗？”

“不，谢谢。”

“我们可以在10月1日交货，最迟晚上8点。”

“10月1日最好。”

在提出了这些客户并不难回答的问题后，这位销售员递过来订单，轻轻地说：“好吧，××先生，请在这儿签字，现在您的车可以投入生产了。”

在这段简短的对话中，我们可以看出，一个推销高手总是提出一些小的问题来引导和刺激客户的购买欲望，这样就避免了自己一味地向客户介绍产品，而客户却没有听懂或者听不进去，而造成订单泡汤。

使用封闭式提问技巧，就是直接向客户提出若干方案，并要求客户在其中选择一种的推销方法。就像“您是在豆浆里加两个鸡蛋呢，还是加一个鸡蛋？”“我们星期二见还是星期三见？”这都是在向客户提出封闭式问题。

销售员向客户提出封闭式的问题，往往是给客户限定在一个狭小的答案范围内，如“要不要”“好不好”等，目的往往是催促客户立即购买产品。口才好的销售员往往能看准客户的购买信号，先假定成交，后选择成交，并把选择的范围局限在成交的范围。封闭式提问的要点是使客户回避要还是不要的问题，有些逼迫的意味，所以销售员要注意避重就轻，以减轻客户成交时的心理压力，创造良好的成交气氛，有效促成交易。

【实战要点】

1. 封闭式提问技巧的运用选择性很强

比如，交流中感觉到客户是一位非常健谈的人，如果销售员问：“您今天过得好不好？”客户可能会从早餐开始一直谈到今天的天气、交通状况等，漫无边际。因此，销售员要防止没能引导客户反而被客户带歪的现象发生，否则可能销售员同客户谈得很投机，却始终不能了解客户的真正需求，还会白白浪费了很多的时间和精力。事实上，我们没有必要了解这么多对我们根本没有用的信息，而只需要客户用比较确定的语言来回答你所需要的答案。

2. 提出的封闭式问题，应让客户能从中做出至少一种肯定的回答，让客户没有拒绝的机会

比如，在询问客户的购买意向时，销售员直接向客户提出一些购买决策，让客户选择一个。如“我再确认一次，根据您的要求，安全性和性能是您购车时最重要的两个考虑，是不是？”“基本上，您也同意这个产品的价值是吗？”“您是喜欢 A 还是喜欢 B ？”“您是要白色的还是红色的？”“也就是说，如果您能得到一个更合理的价格，您会立即决定购买，是吗？”

3. 在使用封闭式提问时应注意的问题

你的问话要简单易懂，不要给客户造成思维的混淆；不要问客户隐私的问题；不要问具有挑衅性或是攻击性的问题；不要怀疑客户的诚实度，尽管他的回答有时并非真实或不是我们想要的；避免销售员自己啰啰唆唆地讲，客户却沉默不语的现象发生，要会激发客户发表自己的观点；不要将客户逼得太紧，给他留些时间思考；不要给客户咄咄逼人、非答不可的感觉；问题不要过于直接，以免让客户感觉到强推的意味。

引导式提问，将小订单变为大订单

有人说，引导式提问的技巧是帮助你将小订单变为大订单的一种非常有效的技巧。为什么呢？因为引导式提问实施的秘诀在于：在客户原有需求的基础上，通过询问、启发、引导等方式，替客户找到新的需求，是将客户的需求扩大化的做法。

【实战案例】

一位女孩选定了一条价值200元的裙子，正当她掏出信用卡准备付款时，销售员问道："您打算穿什么样的鞋子来配这条好看的裙子呢？"

"我有一双藏青色的凉鞋，风格是复古的，应该很合适吧。"客户回答说。

"美女，我这儿有一种漂亮的凉鞋，正好配您的这条裙子。"说着，销售员就拿出了一双标价600元的鞋子。

"嗯，我懂你的意思，它的确很漂亮。"

"您可以试试吗？看看穿上是不是效果很好！"

在销售员的建议下，女孩坐下来把凉鞋穿上。

最后，这位销售员将200元的生意变成了800元的交易，是这位客户最初购买金额的4倍。

在这个案例中，鞋子好像并不在女孩的购物计划内，但是，她买了裙子后，销售员通过"您打算穿什么样的鞋子来配这条好看的裙子呢？"这样的提问，提醒了女孩应该给裙子配一双漂亮的鞋子。推销过程中，客户的主要需求引导者是销售员。销售员可以挖掘客户的潜在需求，而需求的有效挖掘，引导式提问就是最好的手段。

【实战要点】

客户的有些需求是显而易见的，但有些需求，恐怕连客户自己也没有发现，这时，聪明的销售员通过引导式提问，寻找到这些隐性需求，从而扩大交易量。那么，在实际中，如何实施引导式提问来寻找客户的需求呢？

1. 了解客户的需求层次

销售员要引导客户的需求，就要多花点时间去了解客户的需求层次，看客户到底有哪些需要，看怎么样才能结合自己的产品解决客户的问题，而不是信口开河，瞎问、乱问。

2. 问题的提出要与销售目标有一定的吻合度

对客户的需求进行了解和分析之后，销售员所提出的问题和解决的办法，应是自己可以办到的，与自己主要销售目标有较高的吻合程度。如果我们不能满足客户需求，那么哪怕是知道客户的需求，也不要提出，而是先将精力集中在自己的销售目标上。

3. 有目标地推荐商品

将具体的商品推荐给客户。如一位客户买了一辆新车，不要问他：“您还需要什么东西？”而应说：“最近我们新进了一批座椅垫，您看这一种和您的车内饰相配吗？”这样就能提醒客户对座椅垫的需要了。

4. 给客户以思考和消化的时间

在提出问题后，一定要给客户一些时间思考回答，这需要暂停或等待。千万不要一个问题接着一个问题，给客户的感觉就像在法庭上受盘问的犯人一样，这种感觉会让客户对销售员产生厌恶心理，不利于双方的双向交流。没有给客户足够的时间回答，也就等于没有达到询问的主要目的。

5. 不要性急，要循序渐进

在使用这一方法时，应注意：在结束了第一次销售之后，不要立即引导客户购买其他商品。尤其是当客户还在回味第一次商品购买时，一定不要贸然提问和建议客户购买新的产品。

证实式提问，主动填补客户需求的真空

有些话，销售员说出来的效果不如让客户自己说出来的效果好。所以很多时候，销售员明知答案，但是故作不知，而是通过一定的提问技巧，让客户来回答。通过客户的语言来证实自己所想要的结论，从而引导客户一步一步走向成交。这种提问就叫证实式提问，是销售员常用的手段，能提醒客户了解和完善自己的需求，从而下决心接受销售员的销售方案。

【实战案例】

有一位净水器的销售员是这样与客户展开沟通的：“对不起，听说你们

饮用 ×× 纯净水已经有 5 年之久了，我心中有一些疑问，您可以帮我解答一下吗？”

“说吧。”对方不置可否。

“你们饮用这种纯净水已经 5 年。”销售员把自己的净水器拿给目标客户，跟他说，“先生，我们这台净水器，售价是 2000 元，也可以用 5 年，这点您已经清楚了，对吧？”

“是的。”

“很好，那么贵公司一年的饮水要花费多少钱呢？”

“4000 元吧。”

“如果您再把 4000 元除以 50 周，那么每周的费用应该是 80 元钱吧？”

“是的。”

“先生，麻烦您用 80 元除以 5，那么答案是……”

“是 16 元。”

销售员迅速在记事本上写下“每天 16 元”的字样，然后微笑地说：“现在市场上推出了一款净水器，可以帮您省下这每天的 16 元钱。先生，您觉得我们要让这每天 16 元钱的节约白白浪费掉吗？而且是 5 年。5 年是多少钱，我想，这笔账您应该算得清！”

客户不再说话。

销售员接着问：“先生，净水器只要安在水龙头上，就能将自来水净化成高标准的纯净水，这台机器只要 2000 元，只是你们公司半年的饮水费，对吧？”

客户回答：“对，我想是这样的。”

“那么，即刻使用，即刻节省，您还犹豫什么呢？”

证实提问法就是提出一些显而易见的问题让客户回答，目的是引导客户思考，来提高他们对产品的兴趣；同时通过证实提问法还可以验证客户是否有兴趣继续谈下去。如果客户不愿意与你交谈，通常会在某个问题上停住，不给予回答。

【实战要点】

所谓证实性问题，是销售员求证客户的过程。问题不复杂，答案往往是明确的，不容易遭受客户的质疑。当销售员提出证实性问题时，客户给予的回答往往是有助于销售活动的。在运用证实式提问技巧的时候，要把握住以下几点。

1. 提出积极性的问题

所谓积极性的问题，就是所提的问题要让客户马上就能回答出来，问题不能太难，客户通过简单的思考就能回答。比如："如果您再把 4000 元除以 50 周，那么每周的费用应该是 80 元钱吧？"

2. 多给客户选择型问答

这项策略是向客户提问时，答案的若干选项都必须是对你的下一步沟通有利的。如可以这样说："汪太太，您看是周一给您送过来方便，还是周二比较方便？"这样的提问，答案不仅就在问题当中，而且还便于客户选择。

3. 用提问的方式向客户要求订单

向客户开口要求订单是很多销售员畏惧的事，因为他们害怕客户会拒绝。事实上，在一步一步提问的证实下，向客户要求订单就变得简单了："王总，您是否在协议上签下您的大名，好让我安排发货？"给客户这样一个简单回答或处理的机会，就可以把订单签下来。

口才提升与实战训练

1. 口才拓展训练

道具：笔，纸。

参加人数：6 人以上。

方法：以 6 人为例，将 6 人分成 3 组，每组内的两人相互通过提问获得对方的一些信息。

规则：通过提问了解被问人的信息后，代表被提问人把他介绍给大家。

目的：锻炼通过提问获取信息的能力。

2. 口才情境分析

准顾客："你们的产品质量怎么样？"

销售员："您放心，我们的产品质量绝对一流。我们公司多次被评为省级先进企业，我们的产品质量通过了ISO9000质量认证，我们公司的服务宗旨是顾客至上。"

准顾客："是吗？我的意思是说，假如出现售后服务不到位等情况怎么办……"

销售员："我知道了。您尽管放心，我们的售后服务承诺是，接到售后服务请求，当日就会给予处理。保证一个月之内无条件换货，一年之内无偿保修。"

准顾客："是吗？"

销售员："那当然，我们的产品可是著名品牌，您放心吧。"

准顾客："那好吧。我知道了，我考虑考虑再说吧。谢谢你。再见。"

销售员："唔？……"

表面上看，这个销售人员对顾客提出问题的解释应该说翔实全面无懈可击，而且几乎是脱口而出，抢先回答了顾客的问题，他流畅的话术得到了淋漓尽致的展现，可为什么顾客仍然没有兴趣继续这个话题呢？

参考答案

主要原因是销售员将对话的焦点放在自己身上，而不是放在顾客身上。一方面，在没有弄清楚顾客问题的真相时（甚至有时候顾客的异议是假的），就给出了自以为是的答案。顾客没有感受到应有的尊重，认为销售员回答得不够严谨。

3. 口才实战训练思考

假设你是一名销售员，面对客户时，你也认为提问比单纯地讲话好？你如何才能提出有分量的问题？

参考答案

心理学研究表明，人们希望自己提出的问题得到回答者认真的确认，确认问题的过程可以体现回答者的重视程度。人们在提问时确实会出现省略掉一些背景描述，或隐藏提问真实动机的情况，这样本身就容易造成回答者对异议理解上的偏差。为了避免给提问者留下轻率地给出答案的印象，最好的做法就是通过正确的提问了解反问者的真实动机，然后再给予回复。

简而言之，提问要掌握两个要点：一是提出探索式的问题，以便发现顾客的购买意图以及怎样让他们从购买的产品中得到他们需要的利益，从而就能针对客户的需要为他们提供恰当的服务，使买卖成交；二是提出引导式的问题，让客户对你打算为他们提供的产品和服务产生信任。切记，由你告诉他们，他们会怀疑；让他们自己说出来，就是真理。

第5辑 掌握产品介绍技巧，激发客户购买欲

作为一名合格的销售员，应该非常了解自己的产品，能回答出客户提出来的所有问题。你对自己的产品了解得越深，你就越充满自信，推销过程也就变得越顺利。作为一名销售员至少要能把自己产品的基本原理、功能和一些基本的技术参数背下来，然后通过良好的口才表述出来，以此激发客户的购买欲。

传达产品信息，言语动情客户才能动心

一般来说，销售员在销售的过程中起到的作用主要是两点：一是传达产品或服务信息，二是对客户的管理和服务。基于这两个任务，销售员要带给客户的信息有两方面：一是自身的产品和服务信息；二是通过语言沟通，与客户建立良好的关系。口才好的销售员，就是向客户提供了这些信息，最终赢得客户的信赖而成功交易的。

如何能通过语言打动客户，说服客户购买产品？销售员在把信息传达给客户的时候能做到周到动情，客户购买产品就成了顺理成章的事了。

【实战案例】

我们来看看下面这位空调销售员是如何向客户传达信息的。

客户："天太热了，我需要一个新的空调，我家的空调坏了，我不想浪费很多钱花在修理上。"

销售员（站在空调样品旁）："嗯，您会喜欢这个的，它几乎是免费的。（碰了碰那件样品）耗电量很低。（指着桌上的手册）它省下的钱几乎相当于您买它所付出的钱。"（用手指轻敲空调）

客户："听上去很好，但是不是省电的空调更贵？"

销售员；"这是个性价比非常好的空调，带有自动开机和自动识别温度的功能，想想这会使您的生活变得多么简单。想象一下，当您需要一个凉爽的环境时，只要您预先设定好时间，它到时会自动开启，一到家，就会有一个清凉的世界。"

客户："这很不错，天热的时候，不用等着降温。"

销售员抓住机会将这种积极的反应继续："明天这个时候，您的卧室里会有一个新的空调，给您一家带来凉爽的空间。另外，我们的送货人员能在今天免费把它送到您家。”

这个销售员真正实现了销售的信息传达。他先用客户关心的价格问题，向客户传递了空调省电的信息，吸引了客户，接着，通过描绘客户同家人共享凉爽空间的美妙画面，向客户传达了空调优点和客户利益的信息，成功地将客户注意力从购买力转移到带来的好处上。进而又强调了客服的周到和空调的品质，为客户考虑周全。

【实战要点】

口才好的销售员能够根据客户的反应来进行信息传递，最终让客户产生购买动机，正所谓“言语动情客户才能动心”。销售员在与客户语言交流以及向客户提供信息时，应该注意到以下三个方面。

1. 向客户提供合适的信息

销售员在给客户介绍产品过程中，要读懂细微线索中客户的反应，继而给客户提供他感觉重要的信息，这样才能有效地通过语言引导客户。

2. 注意客户的积极反应

客户在听销售员介绍产品信息时，一般会有两种反应：一种是礼貌性地点头，另一种是真心赞同式地点头。口才好的销售员往往会感受到这两点的差别，后一种点头表明对你给出的信息的内容做了肯定，是积极的，表明你正在说一些客户认为很重要的话，这时，不妨延续这个话头，将话题深入下去。

3. 给客户创造积极的情绪

销售员可以通过连续地重复某一个特定的手势、声调、语调或面部表情，使你的语言与客户积极的情绪反应之间建立一种联系，引导客户产生对产品积极的感觉。

同时要毫不犹豫地向客户表达你对他的积极反应的赏识，并在每一次客户有积极反应时，你的反应必须与他的保持一致。同样，当客户反应消极时，你要在语言上表达出拒绝客户的消极情绪的潜台词。通过语言暗示，对客户的反应进行有效控制，让客户在积极的反应中产生购买动机。

了解你的产品，对外介绍如数家珍

口才好的销售员，应该非常了解自己所推销的产品，能回答出客户提出来的一切问题。作为一个销售员，对自己产品的基本原理、功能和一些基本的技术参数应烂熟于心。对自己的产品了解得越全面，你介绍产品时就会越精彩，与客户的沟通也就变得越顺畅。

【实战案例】

销售员："我是 ×× 公司叉车客户服务部的，我这里有您的资料记录，贵公司去年购买了我们公司的叉车，对吗？"

王经理："哦，对呀！"

销售员："我给您打电话的目的是，这个型号的叉车已经不再生产了，以后的配件也比较昂贵，提醒您在使用时要按照操作规程进行，请问，您在使用时阅读过使用手册吗？"

王经理："没有呀，不用这样复杂吧？还要阅读使用手册？"

销售员："其实，还是有必要的，实在没时间阅读当然也是可以的，但机器的寿命就会缩短。"

王经理："我们也没有指望用一辈子，但最近生意比较忙，用叉车也就多了一点，那如果坏了怎么办呢？"

销售员："没有关系，我们还是会上门维修的，虽然要收取一定的费用，但比购买一台全新的叉车还是要便宜一些。"

王经理："对了，现在再买一台全新的叉车什么价格？"

销售员："要看您选择什么型号的，您现在使用的是 ×× 公司 w114，后续的升级产品是 v422，不过完全要看您叉车的使用频率。"

王经理：“最近的量开始大起来了，我还怕以前的那台叉车受不住呢。”

销售员：“要是这样，我还真要建议您考虑用后续的了，它的承载量相对是前者的两倍。”

王经理：“我加一下你的微信号吧，年底我可能考虑再买一台，也许就是后续产品。”

销售员：“我的电话号码是……我查看一下，对了，您是老客户，年底还有一些特殊的优惠，不知道您何时可以确定要购买，也许我可以将一些好的政策给您保留一下。”

王经理：“什么优惠？”

销售员：“v442 型号的渠道销售价格是 12.8 万元，如果作为 w114 的老客户购买的话，可以按照八折来处理，或者赠送一些您需要的外设，主要看您的具体需要。这样吧，您考虑一下，然后再联系我。”

王经理：“稍等，我要计算一下，我在另外一个地方的厂房里要添加一台叉车。这样吧，基本上就确定了，是您送货还是我们去取？”

销售员：“都可以，如果您不方便，还是我们送过去吧，以前也去过，容易找的。看送到哪里，什么时间比较好？”

后面的对话就是具体落实交货的地点、时间等事宜了。

这个销售员前后只不过花了 10 分钟的时间，就出色地完成了一笔交易。

我们可以发现，这个销售员在与客户沟通、介绍产品的时候，自始至终没有离开过数字。从这个情境中，我们可以得知，在介绍产品的时候，一定要显示出自己的专业素质，尽量权威、精确地介绍产品的各个方面，越是精确、越是权威的数字，越能让客户感受到你的专业，也就越能获得客户的信任，现在，很多商家都意识到了这种方法的重要性，所以各大商家在广告宣传中也引用了精确的数据说明，例如一般情况下，日化公司某些产品的广告宣传：

× × 沐浴露：“经过连续 60 天的使用，您的肌肤可以……”

× × 洗发水：“连续 30 天，你便没有头屑的烦恼。”

× × 牙膏：“只需要 20 天，你的牙齿就可以……”

在销售过程中，可能会出现：销售员对自己的产品不是很熟悉，说不出自己产品的特点和功能；即使对产品有一定的了解，也只能机械地说出产品的特点，没有办法将这些特点与客户的需求联系起来；每一种产品都有不同的特点和功能，销售员不能针对不同的客户进行灵活的说明，等等问题，这主要还是销售员对自己所推销的产品没有认真地去了解，没有在产品介绍上下工夫，那你即使有很好的口才也无济于事。

【实战要点】

作为一个销售员，要能像专家一样说给客户听。客户重点要听什么呢，主要是听销售员对产品特点的介绍，这样，客户才能了解产品，才能将你的产品和竞争对手的产品作比较，货比三家。所以，口才好的销售员了解自己的产品，能将产品完整地介绍给客户，让客户了解。所以，销售员应该在产品销售中对公司和产品广泛宣传，谈到产品性能功效和特点等问题时如数家珍。要做到这两点，应该注意以下几项口才基本功的修炼。

1. 习惯主动向人介绍自己和公司及产品

俗话说“熟能生巧”。销售员能娴熟地向客户介绍自己和公司及产品，这需要在平时多加练习。一项研究表明，持续做某事 20 天后，这件事就会变得根深蒂固，成为一个可以自动反应的习惯。在日常生活中，可以把家人和友人当成客户，向他们介绍自己的工作、介绍公司及产品。遇到刚认识的朋友，不妨借介绍自己的机会，介绍一下公司及产品。这样的介绍多了，就熟练了，当你可以随口拈来的时候，客户也就容易被打动。

2. 成为产品的专家

做到对外宣传如数家珍，就需要销售员精通产品的每一个细节，如它有多少个品种、规格和式样；它有哪些功能和用途，如何保存，使用年限有多长，在使用过程中有些什么要特别注意的事项等。这样才能针对不同的客户进行灵活的说明，而且能像专家一样给客户指导。

3. 摸清产品的市场

做到对外宣传如数家珍，销售员还要摸清产品的市场，对市场上相关的竞争产品有所了解，帮助客户进行区分对比。

4. 了解自己的公司或产品的生产商

有些客户关心公司能不能提供优良的售后服务，以及公司的信誉度等问题。这时，销售员把公司的经营方向和动态告诉客户，能有效增强客户对自己的信任。所以，销售员在介绍产品时，一定要了解自己的公司或产品生产企业的情况，这样，才能给客户一个完满的介绍。

5. 保持良好的心态

为自己的推销工作而感到骄傲，在推销中找到成就感，并把成就感带来的自信和激情带给客户。每个销售人员都应该感到骄傲，在现代社会里，经济的运行离不开从事销售工作的人，销售员所承办的业务均是为客户带来益处。

向客户宣传产品，关键是说出卖点

销售过程中，我们通常会遇到这样的情况，无论怎么宣传产品的优点，引导客户购买，但客户似乎总是提不起兴趣，最终还是放弃购买。这时，很多经验尚浅的销售员会选择放弃推销或者继续喋喋不休地向客户宣传产品。而实际上，这两种做法往往都是无效的。原因是什么呢？主要是销售员只是为了宣传产品而宣传，而这样的宣传无异于产品说明书。此时，如果能转换一下宣传产品的方法，尽量向客户宣传产品的卖点，用产品的卖点打动客户，那么，情况可能会截然不同。

【实战案例】

唐海云是一家大型商场A品牌的电视销售员。在这家商场中，电视的品牌繁多，而唐海云却一直能够在激烈的竞争中保持很好的销售业绩，他的秘诀就在于：充分了解每个品牌的产品并适时地将这些信息运用到平时的销售工作中，这样不仅扩展了自己的知识，也赢得了更多的客户。

一天，一位先生来到商店选购电视。当来到A品牌电视展台前时，唐海云热情地接待了这位客户。

唐海云："先生您好，您是来选购电视的吧，需要我为您介绍一下吗？"

客户："我刚从那边过来，那边B品牌的电视我看着不错，就是太贵，所以我来你这看看。"

唐海云："那先生您可来对了，B品牌电视优点确实很多，但是就像您说的价格是偏高的，而我们的电视也同样具备B品牌电视的优点，我们的电视具有画面清晰、机身轻薄、超大屏幕、不受电磁干扰、耐用性好等优点，而且价格也会比B品牌电视优惠一些。"

客户："哦？是吗？我就是想买一台机身轻薄、比较耐用的电视，B品牌的电视我就是看上这点的，那你们的电视价格是多少？"

唐海云："价格方面您放心，我们品牌之所以没有那么高的知名度就是因为我们把投放广告的钱全都让利给客户了，所以价格肯定会让您满意的。我们的价格是××元。您看怎么样？合适吧？"

客户："是比B品牌的电视便宜，这电视售后服务怎么样？"

唐海云："是这样先生，我们的电视保修……"

客户："行了，就要它了！"

就这样，唐海云成功地完成了交易。

唐海云的成功之处就在于，他提前了解了对手的产品卖点并巧妙地运用到自己的工作中。在开始时先用客户对竞争对手的欣赏之处吸引客户的注意力，之后慢慢深入，逐步说服客户并把客户引导至自己的产品介绍中来，最终赢得了客户的信任，达成交易。

【实战要点】

只有充分向客户宣传产品的卖点，并挖掘出客户的需求，才有可能令客户动心，最终达成购买协议。那么，具体来说，我们该怎么做呢？

1. 宣传产品的特点

产品特点是指产品最基本的特性，任何一件产品都有其特性，否则便失去了其存在的意义。所以，销售人员要能够深入发掘自己产品的特点，在宣传产品时应多关注自己的产品与其他产品的差异，并将之作为独特卖点详细展示。

2. 说明产品的优点

产品的优点是指产品与其他同类产品相比较后凸显出来的长处。

当然，销售人员在宣传产品优点时也应围绕客户的需求展开，否则会适得其反。比如，最好不要在崇尚实用的客户面前过多渲染产品的时尚和与众不同；而在看重价格的客户面前就要多讲产品的性价比，让客户感觉到产品确实是物超所值。

3. 引导客户对产品服务产生认同

在销售当中，谁是产品专家？应该是销售员，产品是他们每天都在接触的对象，他们对于自己产品优缺点的了解胜于客户。

总之，无论我们的产品质量多么好，高科技含量多么高，经营的策略多么灵活，都需要以最恰当的方式传达给客户，而不是单纯为了宣传产品而宣传，否则，我们的宣传与产品说明书就没什么不同了。要想真正留住客户，就要满足客户个性化的心理需求。

投其所好，以客户喜欢的方式介绍产品

有的客户说话比较直接，有的客户说话比较委婉，每个人都有自己的说话方式。在销售过程中，销售员要学会迎合客户的说话方式和语气，以客户喜欢的方式去谈论与产品或服务有关的话题，往往更容易获得对方的好感和认可，从而接纳你所推销的产品。

【实战案例】

小丹负责手表销售专柜，一天，一对恋人停在专柜前看柜台中的产品。

看了一会儿，女孩指着一款女表对男孩说道："这些手表的表带看起来好亮啊，是灯光的原因吗？"

男孩说："大概是吧。"

小丹走过去说："您好，不是这个原因，因为这款产品是国外原装进口，采用了高级金属涂层制作工艺，所以看起来才挺亮的。"

听了这话，女孩流露出“原来如此”的神情。但男孩说：“可是这么贵的手表，有人买吗？”

小丹回答道：“手表并不仅仅是计时器，如果计时，看手机就好了啊。我们这个品牌的手表设计理念是象征纯洁的友谊，代表甜蜜的爱情，同时也要体现每个人的社会地位和生活品位。其实这个价格也不贵，只是一个工薪阶层的一个月工资而已，要知道手表保养好是可以戴一辈子的。您看，我自己也买了一个呢！”说着小丹晃晃手腕，的确佩戴着同款产品。

女孩将目光投向男孩，小丹看得出，她是在征求男孩的意见。

最终，经过挑选和试戴，女孩挑选了一款手表，看见自己的女朋友心花怒放，男孩也能接受这样的价格了。两人付款之后，高兴地相拥而去。

小丹从头到尾并没有使用什么独特的宣传技法，也没有一味用炫目的语句强调产品的功能。她只是用娓娓道来的语气，陈述关于产品的一切事实，而这恰恰是客户喜欢听到的：“象征纯洁的友谊，代表甜蜜的爱情，同时也要体现每个人的社会地位和生活品位……”这是这对浪漫感十足的恋人喜欢听到的，让他们听了，觉得买了这块手表，就等于把“纯洁的友谊，甜蜜的爱情和地位品位”带回家了。另外，小丹还晃晃手腕，向客户展示自己佩戴着同款的产品，给客户一个良好的直观感受，所以，她宣传产品的方式让这对年轻的客户喜欢，自然也就赢得了订单。

【实战要点】

不同的客户有不同的需求，更有不同的性格，所以在宣传产品的时候，一定要学会投其所好，用他们喜欢的方式宣传产品，就容易让他们对产品产生兴趣。那么，用什么样的方式宣传产品才能让客户喜欢呢？

1. 寻找客户的兴趣点

一般情况下，一个人在接受某个陌生人或者某个观点的时候，在心理上都需要有一个适应过程。对于客户也一样，他们通常不会马上接受销售员以及其所销售的产品。这就需要销售员在销售产品之前要找到对方感兴趣的话题，然后再伺机引出自己的销售话题。

抓住客户的兴趣、爱好，可以使整个销售沟通充满生机。通常销售员可以遵循一定规律（一些特殊情况除外，具体情况具体对待），从以下几个方面来引起客户的兴趣。

（1）客户的工作情况，曾经取得的成就或者未来的期望等。

（2）客户的健康状况，如提醒客户注意身体、为客户提供一些保养知识等。

（3）客户的家人，如孩子的学习情况或父母的一些信息等。

（4）客户的主要爱好，如体育运动、娱乐休闲方式等。

（5）和客户一起怀旧，比如提起客户的故乡或者最令其回味的往事等。

（6）谈论时事新闻，经常浏览一些报纸，提前了解最近发生的重大新闻事件等。

（7）当下大众比较关注的社会焦点问题，如房价是否上涨、如何节约能源等。

2. 对客户关注的重点进行陈述和回答

当对方有所疑问时，无论是不是直接询问销售员，你都应该用恰当的修辞对客户关注的重点进行陈述和回答。在解答过程中，销售员应该重点分析客户疑问的背景、了解客户疑问的原因以及解决客户疑问的难点，从而通过陈述驱散客户内心存在的购买障碍。

3. 客观的修辞利于销售

销售员应当注意自己说话的语气，主观的语气再幽默也不利于销售，比如“我觉得”“我看”等，会让客户产生听命于你的感觉，而用“其他人”“市场”“国际”等词语，听起来更像是一种单纯事实的描述，显得客观公正，同时不失其指导意义。

陈述看起来是很简单的业务技能，其实背后所蕴藏的是如何引导人心的内容，大有讲究，销售员不妨在今后的工作中注意锻炼，争取一击而中。

杜绝职业腔调，说客户听不懂的话等于白说

很多销售人员往往会认为做什么就得像什么，既然是做销售工作，就得有销售人员的水准，因此说话做事力求要像个职业人士。他们对客户总是客气地称“先生”“女士”，而不知道亲切地称呼他们“王姐”“李老师”，介绍产品时会中英文相间，时不时地说些“散装英语”。这种职业腔调往往会使有些客户感到不自然，对于销售人员来说，不利于销售工作的开展。

产品介绍的初衷是让客户了解产品，进而产生购买兴趣，如果销售人员为了显示自己的专业知识，在客户面前卖弄，满口的专业术语、难懂的英语单词，比如“i3”“豁免保费”等，不仅客户听不懂，还会犯迷糊、犯嘀咕，当然也就不会为自己不熟悉、不了解的产品买单了。

【实战案例】

胡鼎退伍后在一家公司做后勤主任。由于公司往来的信件越来越多，于是按照老总的吩咐，他约来一位做信件分投箱的业务员，想让他给自己换个新邮箱。

胡鼎向业务员介绍了公司每天大概收到的信件数量，并对信箱提出了一些要求。

听完胡鼎的要求，那位业务员不假思索地说道：“我想您需要的是 TAS。”

胡鼎问：“TAS 是什么？”

“TAS 是我们公司生产的一种信箱，非常符合您的要求。”

胡鼎还是没有明白 TAS 到底是什么，于是试探着问：“那它是什么做的，是金属材料做的吗？”

“您想要一个金属材料做的信箱吗？那就可以选择我们的JIN了。您还可以为每个JIN配上两个SJIN。”

胡鼎听得越来越糊涂，但他又补充了一点自己的要求：“我们有些信件的信封会特别大。”

“JIN只能收发普通信件，如果信封较大，您就要改用配有FED的BIG了。”

胡鼎强压住心头的怒火，说道：“你的话让我听起来很模糊。你要知道，我买的是办公用品，不是字母。如果你说的是外语，我也许找个翻译才能弄清楚你们产品的材质、规格、容量和价格，安个信箱真够费劲的……”

业务员站在那里无言以对，讪讪地说：“Sorry！”

胡鼎最后说：“把你们产品的介绍资料给我留一份，有需要我再与你联系吧！”

最终的结果是，胡鼎还是选择了这家公司的产品，只是找了另外一位业务员进行沟通。

专业化的用语是带有职业腔调的销售员最主要的特征。对于销售员来说，首先要明确一点，那就是来购买商品的顾客不都是行家。真正的行家来购买你的商品，可能根本不需要你的介绍，而那些需要你介绍的顾客大部分都是门外汉。这时，你能否将专业知识向顾客表达清楚是取得顾客信任的一个关键因素。所以，当客户听不懂专业的语言时，那就将专业的职业腔转化为通俗形象的语言说给客户听。

【实战要点】

语言是用来沟通的，如果客户听不懂，就等于白费口舌。比如，上面案例中信箱的销售员，满口专业术语，让客户胡鼎怎么也听不明白，他又怎么可能购买呢？所以，产品介绍，最重要的是要让客户听得明白。作为销售人员，要想快速签单，在产品介绍这一环节上，力争用最通俗的语言把产品的优点呈现出来，用客户最容易理解的方式介绍产品，这样才能让你更快地达成交易。

要想把自己想要表达的内容最直观地告诉客户，销售人员必须遵循以下几个说话原则。

1. 使用客户能听懂的词汇和语言

销售同样的产品，表述同样的内容，不同的销售人员会采取不同的介绍方式，传递给客户的信息也会大相径庭。“言不顺，则事不成。”如果表达不清楚，语言不明白，就可能会与客户产生沟通障碍，影响交易达成。所以，销售人员应尽量使用客户能听懂的词汇和语言来传达信息，不能咬文嚼字，不能用太过修饰的词语，以免使客户不知所云，理不清头绪。

2. 视情况决定是否使用专业术语

尽管专业术语在一定程度上能提高销售人员的专业形象，但是，在使用时也必须视情况而定，适可而止。有些产品的功能，介绍时必须要用到专业术语，此时，销售人员最好用通俗的语言给客户解释清楚。比如产品采用的是纳米技术，销售人员就要给客户讲清楚什么是纳米技术。

如果客户是非专业人士，对产品知之甚少，那么你在介绍产品时就应尽量不用或少用晦涩难懂的专业术语，因为这会让客户感到一头雾水，对销售根本起不到任何作用。而面对专业人士时，专业术语的使用也不能太多，那样就有卖弄之嫌，班门弄斧，客户自然也不买你的账。

3. 要讲好普通话，还要学点儿方言

销售是同人打交道的工作，销售人员接触到的客户可能来自五湖四海、四面八方。因此，作为销售人员，不仅要听懂客户的话，还要让客户听懂你的话。销售人员普通话讲得好，走遍全国也不用担心沟通问题。此外，假如销售人员能用客户所使用的方言与之交流，必然能使客户感到亲切，从而可以助成交一臂之力。

口才提升与实战训练

1. 口才拓展训练

道具：笔，纸。

参加人数：2 人或多人。

方法：和同事或朋友以讨论会的形式，讨论自己作为一位客户，或者作为一位经销商客户，会怎么样判断销售人员的行为。

规则：具体讨论，会喜欢什么样的销售人员？讨厌销售人员的哪些行为？销售人员哪些行为会让客户内心真正感动并产生敬重？怎样的做法会使经销商心中怨骂？

目的：通过这种换位思考，规范作为销售员与客户沟通信息时的行为。

2. 口才情境分析

小杨是做厨具生意的，由于竞争激烈，他年前进的一大批多功能电饭锅滞销。朋友小李看了电饭锅后，就建议小杨将电饭锅使用功能演示给客户看，同时向客户说明电饭锅的多种用途，除了演示电饭锅熬粥、煲汤、蒸鸡蛋等既有功能外，还给客户演示做蛋糕、做比萨等一些电饭锅的巧用功能。通过这样的演示，大大提高了销量，很快将库存的电饭锅销售一空。

小杨的成功在于什么？在向客户宣传产品时，你从这个案例得到什么启示？

参考答案

小杨的成功之处就在于：听取了他人的建议；发掘了产品的多种用途；进行了实际操作演示；在向客户宣传产品时，注重了产品或服务的延伸性。

3. 口才实战训练思考

有的销售人员喜欢对客户撒一些无害的小谎，他们认为这种谎言不能算是谎话，更谈不上欺骗客户，撒点小谎是无害的，有人甚至用它来推销自己。

你怎么看待销售员对客户撒这种无害的小谎的呢?

参考答案

销售员不能认为撒点小谎是无害的，一笑了之。我们都知道水滴石穿的道理，说谎也是一样。有时，一个小谎可能会发展成为一个长篇大论的大谎，或是销售员已经无法用一个谎言掩饰另一个谎言，甚至导致销售局面无法控制了。

第6辑 巧止客户借口，让客户签单不犹豫

我们常常会遇到这样的客户，销售员和他进行了很好的沟通，他却对眼前的交易犹豫不决，但又找不出拒绝的理由，只好以这样或者那样的借口拒绝。客户的借口往往成了交易的最后障碍，这时，销售员要及时消除客户心里的疑惑，帮客户把后顾之忧解除了，就能止住客户的借口，让客户签单不犹豫。

先发制人，一句话止住客户的借口

面对客户的诸多借口，销售人员不要认为是对自己的否定，是对产品的拒绝，而应该听出客户的话外之意，仔细考虑客户是不是就真的不需要。如果需要，如何才能够让客户接受。对于那些拿不定主意的客户，销售人员首先要学会和他们沟通，从谈话中了解客户的性格特点，寻找客户犹豫的心理根源，然后先发制人，一句话止住客户的借口，最终让客户满意地接受。

【实战案例】

小敏是一家商场皮靴专柜的销售员。这天，一位女士要买一双靴子，给她介绍了好几个款式，结果这位女士不是觉得款式太旧，就是嫌颜色不合适。小敏忙了半天，也没有为客户找到一双合适的靴子。小敏看得出，这位女士要离开，不想在自己的专柜挑选靴子了。

“美女，真是不好意思，浪费了您这么长的时间，也没有为您选到喜欢的皮靴，真是抱歉。但是，之前您试穿的那双黑色靴子，其实蛮好看的。”小敏先发制人。

听到这样的话，这位女士没有借口离开，她对小敏说：“你把它拿来，我再试试。”其实这位女士是看好那双黑色靴子的，只是觉得价格太贵，不好意思说，才一直犹豫。

小敏又一次把那双靴子递给女士，边替女士穿上边说：“这款皮靴是今年上市的新款，属于经典的休闲款，虽然贵点，但穿起来是很时尚的。”

听小敏这样说，一般的客户就不会在靴子的款式上找借口了。

“相对来说，这双靴子我还是比较喜欢的，但就是有点挤脚。”女士找了一个“挤脚”的借口。

小敏说：“新鞋都有点挤脚，穿几天就好了，而且这款靴子只剩下几双，我们可以以八折的优惠价卖给您。”

女士再次试完靴子后，没有说什么，而是从细节处检查靴子的质量。

这时，小敏就对女士说：“小姐，我知道您也是真心喜欢这双靴子，可以说，靴子质量没有大的问题，就是接口处出了点线头，但也绝对不属于质量问题，我们的靴子质量是绝对可以保证的。”

靴子的质量的确没有大问题，接口处出了点线头可能是靴子唯一的瑕疵，小敏主动给客户指了出来，用主动出击的方式止住了女士对靴子质量的挑剔。

女士点点头。

“在价格上这已经是最低价了。买到一双自己喜欢的靴子不容易，您看这样吧，这个号码的靴子只剩这一双了。这点瑕疵也绝对不会影响美观。原价800元，折后是640元，我现在去找经理说一下，看能不能把零头去掉，以600元的价格卖给您，您看怎么样？”小敏说。小敏用“让经理说了算”，止住了女士借口大幅度砍价的机会。

“600元的话，我就拿着了。”女士说。

这时那位女士被小敏的真诚所感动，对小敏连连道谢，并表示下次还会来小敏这里购物。

马休尔说：“什么都不拒绝的人，很快会变得没什么可以拒绝了。”事实上，有借口，总比直接拒绝更有促成销售的可能。只要销售人员看准客户要说什么，先发制人就会有效地止住客户的借口。当客户找不到拒绝的理由的时候，就会接受这次销售活动了。

【实战要点】

在销售活动中，客户的借口只是一种推辞，是对销售委婉的拒绝，当然，客户的有些借口只是为了在销售中占得先机和获得更大的利益。不论是哪种借口，对销售员来说都是不愿听到的。所以，口才好的销售员，往往能很好地止住客户的借口。他们会预判客户要说的借口，提前说出应对的语言。听到客户的借口，他们也会有效地将其化解。一般来说，销售员要做到以下几点。

1. 说话有的放矢，不让客户将借口说出口

销售员要根据经验和实际情况，在准确掌握客户心理的前提下，有意用话语引开，不让客户将借口说出来，这比说出来后再反驳效果要好。

2. 掌握化解客户借口的语言技巧

客户说出了借口，销售员要会化解对方的借口。心理学研究发现，听到客户说了一个借口，销售员用“是的，但是……”这样的句式较为有效。比如，对方说：“你听听，我讲的是不是有道理？”你可以说：“是的，但是……”先承认对方的说法，然后，以“但是”一转折，就能很好地化解客户的借口。

3. 要善于用自己的真诚去止住客户的借口

面对那些想要购买，却借口频频的客户，销售人员则要善于用自己的真诚去止住客户的借口。客户之所以会找出各种各样的借口进行推诿，很大程度上是对产品的质量、性能或者价格等方面有不满意的地方，而自己又不好意思说，因此才会不断地找借口，希望销售人员做出让步。如果销售人员不懂得客户的心理，只是一再地要求客户购买，那么客户也只能不断地寻找新的借口加以回绝。而如果这时销售人员主动地询问客户是不是因为价格太高，或者款式不合适而犹豫，并站在客户的角度提一些合理的建议，只要你晓之以理，动之以情，客户还是会乐意接受的，毕竟你的真心和诚意是让客户感动的，并对你产生了信赖。

4. 礼貌地对待找借口拒绝的客户

当销售人员向客户推销产品时，客户为了避免让销售人员感到尴尬和失望，往往会善意地说：“这种东西确实很好，不过不好意思，我现在并不需要，等以后再说吧。”这样的话总比冷漠的拒绝要让销售人员心里好受得多。此时，销售人员不仅要向客户表示感谢，还要邀请客户随便转转，说不定就会有客户需要的商品。即使客户真的不需要，销售人员也要保持礼貌和尊敬，给客户留下良好的印象，使客户下次再来光顾。

“我再考虑考虑”——让客户知道你在等他做决定

当销售员花费大量的时间和精力向自己的客户介绍完产品的时候，大多数客户都会说出“我再考虑考虑”“我需要考虑一下”“我再想一想”等借口。实际上，这些借口并非没有回旋的余地。当然，这恐怕是销售人员最害怕碰到的借口了，因为这是客户犹豫不定或拒绝自己的信号。那么，当客户以“我再考虑一下”为借口时，销售人员该如何应对呢？

【实战案例】

销售员：“王总您好，我是××，××公司的。”

王总：“你好，有什么事情吗？”

销售员：“是这样的，我昨天晚上看到一则新闻，报道说‘福建沿海一带最近遭到台风袭击’，所以特地给您打个电话问候一下，贵公司没有受到什么影响吧？”

王总：“还好，没什么大的影响，谢谢你的关心。”

销售员：“那就好，不用谢！我听天气预报说这两天还有大风，这几天你们外出的时候一定要注意安全啊。”

王总：“好的！谢谢你。”

销售员：“顺便问一下，上一次我们谈到的关于买保险的事情，大约会安排在什么时候进行呢？”

王总：“哦，这件事情，我们还没有定下来，我还要再考虑考虑。”

销售员：“的确，认真考虑一下是必须的，这样比较保险；另外，王总，能请教您一个问题吗？”

王总："请讲。"

销售员："请问您能告诉我您心里的顾虑吗？看我能不能帮得上您。"

王总："我对这个险种还有疑问，暂时还没有想好。"

销售员："王总，您说得完全正确，我的有些客户买保险时也存在您这样的问题。这样吧，为了让您放心，我提供一些我们公司以前服务过的客户名单和电话给您，我相信他们能给您满意的答复。"

王总："好的，谢谢。"

销售员："别客气，请问您旁边有纸和笔吗？您记一下好吗？"

王总："好的。"

销售员："这样吧，您可以先和他们联系，我会在明天下午两点钟之前给您电话，听听您最后的决定，好吗？"

王总："好的。"

王总听完销售员对产品的介绍后，表示想要再考虑一下，或者要求销售员下次再来。这时，销售员该怎么办呢？销售员可以对客户说："那么，请您用心考虑一下吧！我将恭候您思考后的决定。"这是在顺便提醒他，自己随时等候回应他提出的所有疑问，一直等到他做出决定为止。销售不是一蹴而就的事，客户需要时间考虑，一定不能听到客户说"我再考虑考虑"，就立马不再说话而放弃与客户的进一步沟通。

【实战要点】

俗话说："趁热打铁。"销售员向客户推销产品或服务的时候，也需要及时跟进。如果客户说"我需要考虑一下"，销售员就应该想尽一切办法去化解接下来可能出现的拒绝借口。一般来说，销售员应该这样讲。

1. 向客户表示自己会紧追不放

销售员说："王太太，请问您觉得我为您专门设计的这份保险方案合适您吗？"

王太太犹豫了一下，还是说道："我也说不清楚合不合适，我考虑考虑吧。"

销售员继续说："如果您喜欢我为您制定的这份方案，那么，现在的我就有责任帮助您填妥这份投保书，并让这份方案立即生效。如果您对这个方案不满意，那么，我就立即离开，不会再来打扰您。不过，我还是希望您考虑一下这份方案，因为它能最大程度为您的未来提供可靠保障，我就在这儿等着您的答复。”

王太太在仔细看了这份保险计划书之后，又向他提出了一些问题，销售员都一一作答，最终，王太太答应投保。

销售员就是用紧追不放的方式最终获得销售成功的。

2. 巧用问句促使购买

一般来说，当销售员向客户介绍完产品的功能后，客户可能对其也感兴趣，可是客户往往为慎重起见，还会说“再考虑考虑”，这个时候，销售员可以说：“您说再考虑一下，我没有意见，不过，我看到您也不会认为这款产品不好，对吗？”之后，销售员一定要给客户留足反应时间，因为你接下来的话就要根据他的反应做出相应的回应。一般来说，客户会说：“你说得对，我的确有些感兴趣，所以，我才会认真考虑的。”

3. 化解客户心中的“结”

客户说“考虑考虑”，说明在他心中还有些疑虑，销售员如果想要使客户心中的“结”化解掉，最好是向其提供以往曾经服务过的客户名单及电话，让客户亲自做出一番调查，这样一来，他的疑虑自然打消了，就会果断地购买你的产品。

“我想到别家再看看”——及时说出产品独特的卖点

我们购物的时候，往往懂得“货比三家不吃亏”的道理，当然，客户也都知道这个道理。因此，无论销售员怎么给客户介绍产品，客户总是一副可买可不买的态度，然后对销售员说：“我想到别家再看看。”客户之所以会找这样的借口，无非有两个原因：一是因为你推荐的产品品种实在无法满足客户的挑选要求；二是在多数情况下，是“货比三家不吃亏”的心理在作祟。对此，销售员想要留住客户，就需要及时告诉客户“我们家不同于别家”，可以用独特的卖点吸引客户。

【实战案例】

陈小姐进了一家时装店，销售员给她推荐了好几款新式服装，都还合适她，但在店内逛了一圈后，她摇了摇头，说：“哎，我还是去别家看看吧。”

“请问小姐，您肯定是觉得我们店的时装种类太少，选择的余地不大吧？”销售员问。

客户：“是啊，就这几件衣服，让我怎么选？”

销售员：“的确，您说得很有道理，开时装店，款式多多益善，这样更能吸引客户的眼球。不过，我们老板非常喜欢有特色、经典的时装，但是这样的服装往往很少，我们的宗旨是宁缺毋滥。”

客户：“你这么一说，我还真发现你们店的东西不一样。”

销售员：“是啊，产品贵在精而不在多嘛。我看您的装扮也是很有品位的人，这条街大多数服装店都铺满各种款式的普通货，而我们只卖时尚的精品服装。”

客户：“是吗？我相信你。麻烦你把这条裙子给我试试看。”

销售员：“您真有眼光，可以说这条裙子的时尚感引领这条街，特别适合像您这样身材高挑的女孩，而且很容易搭配！”

最后，陈小姐兴高采烈地买了这条裙子。

在上面这个销售案例中，当客户称要去别家看看时，通常情况下销售员会说“新货过两天就到了”“已经卖得差不多了”等，但这位销售员并没有，而是主动承认了客户的想法——产品种类太少，坦率地承认客户的观点，然后再向客户表明种类少的原因：这是我们店的特点，款式经典，有特色，少而精，进而让客户有这样的感叹：“你这么一说，我还真发现你们店的东西不一样。”接下来，销售员再对客户进行一番夸赞，更是让客户对销售员产生了信任感，最终将销售公关重点放在具体产品上——一条裙子，很快就促成了客户的购买。

【实战要点】

客户说“我想再去别家看看”这是销售最常见的被拒绝方式，但是，口才好的销售员能抓住客户拒绝的契机，三言两语就能打消客户离开的念头。针对这种借口，销售员该怎么应对呢？

1. 及时陈述产品卖点，先稳住客户，再推销产品

客户说：“我想再去别家看看。”这只不过是客户的一种托词而已：客户要抛弃你了，你不要认为客户还会光临。因此，要做的就是先稳住客户，不要让客户流失，这样才有机会成功推销。而要想留住客户，就要像案例中的销售员一样，不妨用产品的卖点吸引住客户，比如，你可以告诉客户：“我们是这个品牌的专卖。”“我们老客户很多，讲究薄利多销。”“我们店里的产品在进货时都是经过精挑细选的，虽然种类不多，但都是款式时尚又畅销的产品。”需要注意的是，销售员所说的话一定要与事实相符，否则，丢掉的可能就不仅是客户，还有店铺的信誉。

2. 话语甜一点，让客户不忍拒绝

销售员做好服务也是赢得客户非常关键的一环。现代社会，随着竞争的日益激烈，在产品质量与功能大同小异的基础上，人们在购买时也逐步带有情感因素，更关注的是销售方的服务态度。你的服务好，话语甜一点，客户往往更有购买意愿。如果服务不周到，冷言冷语对待客户，客户也会说“我想再去别家看看”。

所以，作为销售员，当客户说“想去别家看看”时，如果想留住客户，就要让客户感受到产品的特别之处，或者具有某种特殊的含义，让客户改变原有的想法，以特色引起客户的兴趣和购买欲望，实现销售目的。

“我现在很忙”——请客户为“下次”定个时间

有时候，客户在面对销售人员推销产品时，常常会不耐烦地说“对不起，我很忙”“我现在没时间”“我没空”“我实在抽不开身，真的对不起”……很显然，这些理由不过是客户的借口，客户是在拒绝销售人员的推销。遇到这样的情况，口才好的销售人员会礼貌而恰当地说：“我看出来了您非常忙，不过只占用您 2 分钟……”或者说：“先生，麻烦您定个日子，选个您方便的时间。我周一和周二都会在贵公司附近，所以可以在周一上午或者周二下午来拜访您。”这样的应对，往往令客户难以拒绝。

【实战案例】

有一位销售人员走进一家公司，去推销他的产品。

“我现在比较忙，哪有时间谈这个啊？”客户弄清楚他的来意，连问都没有问就直接找借口拒绝了。

“就耽误您一点儿时间。”销售员说。

客户：“我现在真的没空，我马上要去开会，正忙着写材料呢，请你改天再来吧！”

当客户说到这时，这位销售人员还不识趣，还是“坚持到底”，要求客户给他点儿时间。

最后，不论销售员说什么，客户都不理睬他了，这位销售员只得无趣地悻悻而回。

后来，遇到相似的情况，这位销售员调整了做法。

“我现在比较忙，哪有时间谈这个啊？”客户说。

“这点我看出来了，我还真不忍心占用您的时间。”销售员肯定了客户的说法后，又喃喃地说，“公司越大事越多，能力越强事越多。”

可能是最后一句话触动了客户，客户接着话茬说：“是呀，公司上上下下都要我操心，下午要开会，我正忙着写材料呢，请你改天再来吧。”

“行呀，您看哪天有时间，我再来好不好，给您介绍我们的产品？”销售员说。他知道，不管客户是真忙假忙，这会儿客户是很难抽时间接待他，于是，他要让客户告诉他什么时候“不忙”，当在客户不忙的时候来，客户就不会以“忙”作为拒绝的借口，从而可以和他好好地交谈了。

“下周吧。”客户说。

“下周一至周三我都行，周三之后我要出差，如不行，我就调整出差时间。”销售员说。其实，销售员借故出差将客户有空的时间确定下来。

“那就周二吧。”客户说。

“我现在很忙。”所蕴含的意思，要么是客户真的很忙，要么是客户现在不想和你谈销售的事而找的托词。但是，不论是什么意思，客户说“现在很忙”，从另一个角度看，他不忙的时候是可以和你谈销售的事的。所以，销售员要善于抓住这个契机，不妨通过简短的语言交流，为下次见面确定准确时间。

【实战要点】

当客户用“对不起，我现在很忙”的借口拒绝销售人员时，销售员一定要迅速而准确地摸清客户究竟是真的很忙还是找借口。如果客户是真忙，销售员可以采取下列两种方法应对。

1. 约定洽谈时间

“看您工作这么忙，打扰您还真是不好意思。这样吧，我就占用您 2 分钟，请您抽出 2 分钟的时间，听我简单地说几句话行不行？说完我马上就走。”真正忙碌的客户，如果你事先和他约好“2 分钟”，他也可能愿意抽出这 2 分钟的时间听你说话。否则“这个人不知道要跟我啰唆多久”的心理，会使他断然拒绝。

2. 适时离开

当客户推辞的时候，销售人员宁可说：“打扰您很抱歉，那我就改天再来拜访了。”而不要等客户说：“我说不要就是不要！”之后才离开。

重要的是，你一定要强调“改天再来”，这不仅告诉你自己，更告诉了客户：不久之后，你会再次登门拜访的。同时，千万要记住，离开时的态度要好，不要给客户留下不好的印象。

通常情况下，以“请你改天再来”作为推辞的客户，是以下两种类型的人。

（1）具有灵敏的感觉，能站到对方立场上思考问题，此外还很有礼貌。这类客户表面看上去温文尔雅，容易说话，然而，实际上销售员想要说服他们购买产品需要花费相当大的工夫。当双方进行了简单的交流后，倘若对方仍然坚持“我现在有事，请你改天再来”，那么，销售人员就要对自己的推销语言做出一些改变了。

“很抱歉对您这次冒昧打扰，当您有空的时候，我再来拜访您吧！”

其实，销售员在首次拜访客户的时候，吃闭门羹是极为常见的事情。所以，如果销售员想要继续做成这单生意，最好是对其进行再一次的拜访。不过，如果第二次的拜访结果还是不理想的话，那么，还是趁早放弃这单生意吧。

（2）优柔寡断，无法给予对方明确的答复。当遇上这类客户表示拒绝的时候，销售员最好诚恳地接受客户的意见：“您的话说得很对，如今物价疯涨，买东西要思考一下也是应当的。”

当看到客户一时间不能给予明确答复的时候，销售员要是紧接着说：“不过……”“可是……”这样的辩驳之语，很可能就做不成生意了。而口才好的销售员就会说：“是应该考虑一下，毕竟一台机器需要几万元，不能很快定下来购买。不过，据行业内统计，我们这款产品在本省的市场占有率是85%，这是一个十分惊人的数字呢！”

其实，当客户听到“85%”这一数字的时候，不经意间就让他产生了对产品的信赖感，从而有了购买的欲望。

总之，当销售员向客户推销产品的时候，一定要具体情况具体分析，或者是“坚持不懈”，或者是“在合适的时候表示分别之意”。当然，销售员在告辞之前，最好交给客户一本简单的产品说明书，然后几天之后再次登门拜访。

“跟家人商量一下”——劝说客户最好自己做决定

在一个家庭中，不管大小事情，夫妻之间都会用心商议，这体现出夫妻之间的互相敬重。在推销过程中，销售员费尽唇舌终于说动客户的时候，倘若客户提议回家找另一半商议后再决定是否购买产品，这对于销售员而言，无疑是沮丧的。那么，销售员在销售产品的过程中如何应对“回家跟我老婆商量”这样的借口呢？

【实战案例】

某男士因为结婚纪念日要为妻子购买一枚戒指，这天，他来到某珠宝专柜看上了一枚镶钻的戒指，但最后，他却说：“我怕我妻子不喜欢，我还是回去和她商量一下吧。”

销售员：“是的，您有这种想法我可以理解，毕竟买一枚钻戒的价钱也不是个小数目，想与妻子商量一下也是正常的。但先生，您知道吗？其实，作为妻子，如果自己的丈夫能记住结婚纪念日，并在当日给她一个惊喜，那么，她一定更高兴。而如果您与妻子商量的话，这种神秘感也就消失了。而且，今天刚好是我们十年店庆，会有返利活动，满1000就减100。这个活动仅限今天一天。而且，您也看到了，我们这里的钻戒都只有一款，销量很好。这样好吗，我现在暂时给您保留起来，不过我真的无法保证下班之前这枚钻戒……所以，我真的希望您不要错过这枚钻戒……”

客户：“我看我还是先买了吧，万一下午过来的时候其他客户买走了，那不就可惜了。”

案例中，这名销售员之所以能最终说服客户购买，是因为他既保持了良好的态度，又对客户适当施压。如果客户现在不购买，执意要回去与妻子商量的话，不仅会失去给妻子惊喜的机会，还可能会导致他中意的戒指被其他客户买走，而同时他也会错过店庆返利的优惠机会。综合考虑之下，客户自然会暂时放下与妻子商量的想法，选择购买。

【实战要点】

销售员要明白，客户在买单之前，让朋友或者家人参谋参谋，一方面，客户说“跟家人商量一下”，只是为拒绝找一个借口；另一方面，是客户真的拿不定主意，真的需要“跟家人商量一下”。但不管是哪种情况，对销售员来说，客户、朋友、家人的参考意见，或许会让销售成果付之东流。所以，客户说“跟家人商量一下”，销售员要学会用适当的语言阻止他。面对这种情况，销售员应该这样处理。

1. 认同客户顾虑的合理性

像上例中的销售员一样，如果我们能认同客户的顾虑并表达同理心，会让客户觉得你是在为他考虑，就能争取到客户的心理支持，继而会拉近与客户间的距离。这样，即使客户认为需要和家人商量，你也可以暂时把客户留住，从而为接下来的说服工作奠定基础。

2. 帮客户认识到不与家人商量的好处

上例中的销售员是聪明的，当客户认为需要和妻子商量时，他却从惊喜这个角度让客户认识到与其与妻子商量，还不如给妻子一个惊喜。

让客户认识到不与家人商量的好处，我们可以挖掘产品背后的意义，可以恭维一下客户。比如，你可以说：“其实，这不仅仅是一件产品，更是一种心意，是一种爱，不管它怎样，只要是你买的，你老公都会喜欢的。再说啦，如果他真有什么不满意的地方，只要不影响再次销售，我们特别允许您在 3 天内都可以拿回来调换，您看这样成吗？”

3. 对客户施以适当的压力，帮客户做决定

客户迟迟无法下定决心购买，销售员千万不要认为等待可以得到结果，因为客户权衡不出答案也许就此放弃购买也说不定。所以很多时候客户做决定都需要销售员的参与，这就需要销售员主动出击，对客户适当施加压力，甚至帮助客户做决定，这一招通常都很奏效。你可以说“我这里的这种产品

已经剩下最后一批了，而下次什么时候还能拿到这种货就说不定了”，或者说“这种产品现在特别缺货，我们公司已经不生产了”等，如果客户确实满意产品，一般来说，他们会做出立即购买的决定。

另外，我们还可以掌握一些快速成交的方法。

1. 适当赞美客户，鼓励客户尽快成交

如：“您的眼光真好，您老公一定会喜欢的。”

2. 从众成交法，用人们的从众心理来刺激客户购买

如：“现在的小女孩都喜欢这样的款式，我相信您的女儿一定会喜欢的。”

当然，运用这一方法不可急功近利，要给客户考虑的时间，适当的时候也要退后一步，否则很容易令客户反感。

“我没钱”——告诉客户钱不是最重要的

销售员在推销产品的过程中遇到的最普遍的现象是，客户立即反应：“我没钱。”任凭销售员如何强调产品的好处，客户还是说没钱。其实客户说没钱并不表示他不需要你所推销的产品，我们都很清楚，“心口不一”是人性的特点。因此，销售员遭遇到客户的这种拒绝时，千万不要打退堂鼓，紧张心虚，应该理性地看待这种拒绝。

【实战案例】

有一个化妆品销售员，在朋友的引荐下，向这位朋友的一位朋友推销化妆品。

“不好意思，我没有钱，等我有钱再买，你看行吗？”可能看到销售员推销的产品不是自己急需的，这位朋友的朋友，一个气质很好的女士，居然客气地拒绝了。

“没关系，今天让您了解一下，哪天您用得上，我再给您送来。”销售员平静地说。这时，销售员突然发现她带着一块漂亮的金表，立刻话锋一转地说道：“您这块手表真漂亮。”

“噢，这是我去年到欧洲旅游时在瑞士买的。”

“您一定在旅游上花了不少金钱和精力吧？”

“没错。”接着，这位太太眉飞色舞地向销售员介绍她的旅游经历，言语之间透露着炫耀，“主要是购物太花钱了。”

“经常出国旅游，不是一般阶层所能消费得起的。就像这种化妆品，价钱比较贵，能用得起我们这个品牌化妆品的，都是像您这样高收入、高层次的人。”销售员说。

一句话正好说中这位太太的心意，为了不丢掉自己的面子，她无法再说出“没钱”的借口了，反而非常高兴地买下了一套化妆品。

销售员在推销的过程中都会遇到号称“没钱”而将人“拒之于千里之外”的客户：“你推销不就是想从我这里拿到钱吗？我现在没钱，你还有什么好说的？”但不论什么样的拒绝理由，到口才好的销售员这里总能转个方向，反而变成应该购买的理由。

【实战要点】

当客户说他没钱的时候，你要确定的是，他所谓的没钱指的是什么意思，是他的口袋里现在没带钱呢，还是他真的已经身无分文了呢？抑或是你的产品不能真正吸引他，他只是把没钱当作推脱的借口呢？找出客户所谓“没钱”背后的真正意思，然后想办法帮助客户解决这个问题。面对“没钱”的客户，可以这样处理。

1. 拉拢客户的心

最简单的方法就是同意他的话，因为当他说“没钱”时，当下的气氛不免有些对立，我们当然不希望彼此存有这种负面的感觉，因此要想办法将对立气氛降到最淡。

2. 让客户的心情放轻松

可以采取缓兵之计：“您没钱没关系，我们可以做个朋友啊！”这个很重要！先让客户的心情放松下来，再提要求。中国人对于“做个朋友”这样的提议是不会拒绝的，通常都会附和："做朋友当然可以！"简短几句话，一开始的对立情势，已经转为朋友之间的和缓气氛了。

3. 攻破客户的心理防线

成为朋友后，销售员就可以"以朋友的名义"发问："既然我们是朋友，您可以帮我做件事吗？"当然客户第一个反应是：糟糕！他要我做事了！一般人都会说："要看是什么事情啊？如果你要我借钱给你的话，当然不行。""不是这样麻烦的事。因为很多客户都不愿意买产品，所以公司要我们做个调查。可不可以请您告诉我，您不买我们产品的真正原因是什么？"

4. 针对理由，各个击破

客户在销售员步步紧逼的形势下，通常都会想找一个借口搪塞销售员，这时候，我们应当马上反击："是不是解决掉这个问题，您就愿意买？是不是排除这些原因，您就会买这个产品？"这是个过滤手法，客户很可能心生惶恐，连忙说："不是这样，还有别的原因……"之所以惶恐，是因为他知道自己已经被你的话套住了。这样抽丝剥茧，把不相干的理由一一滤掉，就可以探知客户心里真正的想法。比如："我刚开始就声明了，我现在没钱买你们这个产品！这是真正的原因。"

5. 破解客户最后一个借口

客户说自己真正的理由是"没钱"时，怎么办？这时我们应该说："我了解，现在很多企业的资金都很有限。正因为如此，我们才会推荐我们的产品，它可以用最少的资金得到最好的效果。不如让我亲自为您讲解一下好吗？您看这周三可以吗？"

很多时候，你的客户说没钱只是借口，并不意味着客户真的身无分文。客户的真正意思是：我没钱去买不值得相信的产品。如果能让客户相信你，客户就会奇迹般地掏出钱来。

口才提升与实战训练

1. 口才拓展训练

道具：笔，纸。

参加人数：至少 2 人。

方法：每 2 人一组，分为攻防两方：一方请求对方帮忙做一件事，对方找借口拒绝；另一方想办法止住对方的借口而得到帮助。最后集体总结训练过程中的语言使用技巧。

规则：2 人表演，其余的人观摩，给表演者打分。

目的：锻炼口才能力。

2. 口才情境分析

在一次销售饮水机的过程中，小王碰到了这种情况：客户张某其实很喜欢这款产品，有意要购买，但就是不签单，而是在一些细节问题上找借口。

请问，面对这种情况，小王应该怎样逼单成交？

参考答案

小王要审时度势，解除客户的疑虑，而不要急于谈签单的问题。帮助客户解决一些细节问题，并设身处地为客户着想，一旦细节问题落实了，签单的时候也就到了。

3. 口才实战训练思考

假设你是一名电脑销售员，面对的是某位公司的老总，但是你使出了浑身解数也很难说服他，而再拖延时间恐怕会引起忙碌的对方的反感。这时你该怎么办呢？

参考答案

在你费尽口舌，使出各种方法都无效，眼看这笔交易就做不成了的时候，不妨试试这个方法，比如说：“×总，虽然我知道我们的产品和服务对您的公司很重要，但可能是我的能力太差了，没办法说服您，我认输了。不过在认输之前，请您指出我的错误，让我有个提高的机会。”

像这种谦卑的话语，不但很容易满足对方的虚荣心，而且可能会解除对方的抗拒态度。他可能会一边指正你，一边鼓励你，说不定可以带来签约的机会。

第7辑 巧妙化解异议，为客户排除成交疑虑

在与客户交谈的过程中，买卖双方发生分歧是很常见的，如何应对客户提出的异议，这最能考验销售员的口才和智慧。当客户向销售员提出异议的时候，绝不能将沟通变成吵架式的反驳，要听出异议背后的意思，然后给予婉转、温和而有效的回应。

辨析异议真伪，用巧言消除客户疑虑

在面对销售人员的推销时，有些客户总会以各种异议和疑虑进行推托。客户提出异议，是因为客户想知道这件产品为什么值得购买，而这正是客户微妙地传达出对产品有兴趣的时候，也可能他们是在掩饰那些真正困扰他们的原因。你要懂得要是不想购买的话，没有人会提出如此之多的异议。

那么你就可以提一些问题，在揭示出客户内心的真实意图之后，针对具体问题采用具体应对的办法，消除客户的顾虑。

【实战案例】

销售员："保险公司非常注重信誉……"
客户："投保时你们说得很好，真的理赔的时候就不靠谱了。"

销售员："您有那么多闲散资金，可以尝试做些股票投资……"
客户："我钱不多，不想在股票方面投资。"

销售员："我们将提供您最满意的服务……"
客户："哪个用户会满意你们这种服务态度？"

销售员："这件衣服瘦身效果很好。"
客户："这衣服显得我太胖了。"

销售员："你这空调被雷击了。"

客户："这是因为空调质量太差了，好吧！"

……

像这样的对话，作为销售员来说是经常听到的。现实中，哪怕是销售员客观的陈述，客户也会提出反对意见。客户习惯通过异议测试或拒绝销售员，所以在推销过程中，销售人员经常会碰到各种各样的异议：你要去拜访客户，客户说没有时间；你在向客户讲解具体的产品性能，客户却因为成见而不置可否；你在努力询问客户的需求，客户却隐藏起真实的动机；你真诚地对待客户，他却以为你包藏祸心，处处防备……这些都属于异议的范畴。可以说，如何消除异议，成为销售员在销售中必须掌握的技能之一。

【实战要点】

客户对销售员的异议，就是对销售员的直接拒绝，所以，哪怕是口才极好的销售人员，也会对客户的异议抱有恐惧心理。但是，很多优秀的销售人员却能把异议当成是成功的信息，他们在客户的异议面前绝不会沉默，而是利用自己的口才，通过语言交流，从异议中判断客户的真实需求，从异议中了解客户对自己的接受程度，从异议中获得客户更多的信息。

对于客户的异议，销售人员一定要辨别出客户异议的真假，然后再通过言语进行有效的应对。在辨别客户异议真假时，我们要注意如下两个方面。

1. 了解真假异议

区分异议的类型是非常重要的，这样有助于销售人员有针对性地采取对策。一般来讲，异议分为以下两种类型。

（1）真实的异议。客户对产品不满意，或者他说现在没有需求，或者对你的产品抱有偏见，用语言贬低你的产品；或者他使用过你的产品，你的产品容易出故障。这些都属于真实的异议。对于此类异议，销售员在言语上以解释为主，这样能有效处理异议，保证进一步的沟通能够顺畅。

（2）虚假的异议。假异议主要是指客户用一些借口来敷衍销售人员，从而达到自己的目的。根据顾客的目的，虚假异议可以分为两种：一种是应付销售人员，客户对产品或服务实际上没有太大的兴趣，不想和销售人员沟通，不想介入销售活动，想打发走销售人员；另一种是用异议混淆销售人员的视听，这种异议并不是客户真正在意的，这种异议也被称为"隐藏的异议"。如顾客可能说："这条裙子是很早以前的款式了，现在早过时了！"或者："这种手机的功能我很喜欢，但是它的样子太丑了。"或者提出产品的品质、色彩等各方面的异议。客户这么说，并不是他的真正想法，而是借这种假象，来取得销售人员的某种让步，比如降价。

2. 判断真假异议

判断出客户的真假异议是非常重要的。如果客户的异议是虚假异议，只是为了压价，他提出产品的颜色不符合他的要求，而你却认为这是客户的真实异议时，你解决问题的方法自然和客户的真实想法大相径庭，就会让双方的沟通不畅。因此，判断出客户异议的真假是非常重要的。

判断客户的真假异议，销售人员可以运用提问的方式，也可以对客户的肢体语言进行判断。具体来说，肢体语言可分为以下几种。

（1）表情语言。人们常常通过面部表情来传递信息，像眼神动作和微笑、愤怒、悲伤等表情都可以起到传递信息的作用。表情不仅能够传递一个人的情绪状态，还能够反映一个人的喜、怒、哀、乐等内心活动。

（2）副语言。所谓副语言，指的是说话的语音、语调和语气等。它们伴随着语言表达，往往透露出信息的真正含义，因而副语言与主语言的关系非常密切，副语言更能表达出一个人的情绪和态度。

（3）体态语言。所谓体态，指的是人们在交流过程中所表现出来的身体姿势，如前倾、后仰、双臂交叉等。人们对待他人的态度，在体态上是很难掩盖和隐藏的，所以销售人员要善于观察和分析，然后准确地判断不同体态透露出的不同信息，就很容易弄清楚客户表达的异议是真还是假了。

通过沟通和观察，判断出真假异议之后，针对真实的异议，销售人员要采用相应的解决方式；而虚假的异议，销售人员就应该利用良好的口才，通过提问或旁敲侧击的方式来判断出客户的真实意思，从而找出更好的应对策略和方法。

杜绝言语争执，冷静面对客户的挑剔

销售人员在任何情况下，都要尽量照顾到客户的接受程度和自尊心。如果客户所说的话是错误的或不真实的，销售人员也要尽量避免直接反驳客户；如果客户所说的话是无关紧要的，销售人员可以一笑置之，不予理会；如果必须反驳客户，应尽量采用间接反驳的方式，先肯定客户的部分观点，然后再反驳问题的本质。总之，要冷静面对客户的挑剔。

【实战案例】

销售员："院长您好！昨天您来看我们公司新生产的病床，我想了解一下，您觉得这批床怎么样，适合您的要求吗？"

院长："功能很全，病人用起来很方便，只是我觉得这床太硬，病人会不喜欢的。"

"我觉得，这种类型的床还是硬一点对病人才好呀。"销售员争辩道。

院长："对病人来说，并不要求太软的床。但它真的是太硬了。"

销售员："您怎么过了一天就说这床太硬了呢？昨天您还说挺合适的啊。"

"昨天我说的是它的各项功能，硬度问题我还没有注意到。"院长说。

销售员："反正我觉得这种床一点都不硬。"

院长："哦，那你把这种床卖给觉得它软和的医院吧。"

销售员："您这个人怎么这样呢？"

销售人员不妨吸取上面例子中的教训，拿出真诚和耐心，心平气和地与客户沟通，才会让推销变得顺利。不论客户如何批评销售人员，有理由的还是无理取闹的，销售人员都尽量不要与客户争辩，因为争辩绝对不是说服客户的好办法。

【实战要点】

与客户争辩，失败的永远是销售人员。当然，这样做并不是说客户永远是对的，销售员为了避免争执，就要忍气吞声地放弃原则和利益，迁就客户的无理要求，而是说要换一种方式妥善地解决问题。例如：一位顾客想退掉一件刚买的特价衣服，但商场规定这种衣服是不能退货的。这时，销售人员可以这样对顾客说："我们商店有统一规定，特价商品是不能退货的。不过，我可以去请示一下经理，看他能不能给您特殊处理。"

当客户听到"特殊处理"这四个字时，会对销售人员产生一种好感。如果经理不同意退货，客户也会认为销售人员已经尽了力，就不会再为难销售人员了；如果经理同意退货，客户会认为自己受到了特殊待遇，心中更会对销售人员充满感激。

客户永远是对的，这是每个销售人员都要牢记的话。那么怎样才能避免与客户起争执呢？

1. 冷静分析客户的异议

如果客户的观点和你的观点相抵触，你就要判断这种异议产生的原因，并认真倾听客户的异议，从这些异议中获得更多的信息，然后再根据这些信息做出判断和应对。

有时客户提出的异议很刺耳，但或许并不是他们真正在意的问题。因为任何产品都不可能是十全十美的，客户对产品挑剔也是情有可原的。对客户不在意的异议，如产品的款式和色彩等，销售人员大可不必放在心上，一言带过即可。

如果客户提出的异议是真实的，表明客户确实对产品的某些功能不太满意，销售人员就要有意强化产品的优点，来冲淡产品的缺点。如果客户对产品不满意的地方过多，销售人员就应该向客户介绍一些其他型号的产品。

2. 让客户多诉说

客户有异议时，如果销售人员拒绝倾听客户的异议，或者妄加揣测，自行处理，就会引起和客户的争执。因此，销售人员要多听客户的意见，进一步判断客户的需求。

其实让客户多诉说，本身就是给客户一个发泄的机会，销售人员不但可以了解客户的真实想法，还可以平息客户的某些不愉快的情绪，这样双方再沟通起来就简单多了。

相反，如果客户还没有说多少话，销售人员就赶紧表态，说出一大堆解决问题的办法，这些办法可能与客户的意见相左，不仅因为打断客户的讲话而让客户感到生气，还会向客户透露更多的信息。当客户掌握了这些信息后，销售人员就处于不利的位置。如果客户不愿意购买，他就能找出更多的拒绝理由；如果客户愿意购买，他就会拿这些信息做筹码，来压低成交价格。

3. 语气不要太生硬

销售人员在遣词造句上要特别注意，尽量回避一些生硬的词语。在对客户说话时，也要注意态度诚恳，客户是上帝，切勿伤害了客户的自尊心。

在面对客户的异议时，不管是什么情况，销售人员都不应该与客户发生争执。因为一旦发生争执，你的产品再好，客户也不愿意从你这里购买。虽然在争执过程中，销售人员可以拿出各种各样的理由压服客户，在争论中取胜，但也彻底失去了成交的机会。

掌握说“不”的技巧，委婉地拒绝客户

在销售过程中，与客户沟通往往离不开说一个“不”字，而这个“不”字，又往往最不好意思说出口。既要把“不”字说出口，又能赢得客户的宽容和体谅，确非易事。给拒绝找一个适当的方式，确实是一门艺术。

【实战案例】

客户：“小吕呀，你们的产品总体上来说还是可以的，但是你们的价格比飞宇公司要高，对于这点我并不是很满意。”

小吕：“张总，我承认我们公司的产品价格确实要比其他公司高，高一点

自然有它的道理。一分价钱一分货嘛。我们产品质量好，使用寿命比较长而且使用起来也是非常方便的。您看这是现在一家知名市场研究公司提供的研究报告，我们的产品比飞宇公司产品的用户投诉数量少 33.3%，使用寿命长 42%，用户满意度高 28%。买我们的产品您会少操不少心，好腾出时间赚更多的钱呀。”

客户：“小吕呀，你也知道在这个地区我们是经销商大户，听说你们正准备进入 ×× 地区，这还是要通过我们的，你们就把进货价格降低 5% 吧。”

小吕：“张总呀，贵公司的实力当然是毋庸置疑的。这次给贵公司的价格已经是最低的了，要不然这样，您再多进 25% 的货，我再向总部申请将进货价格降低 2%，您看这样可以吗？”

客户：“那就这样吧，麻烦你了。”

在销售中，作为销售员，你不可能什么事情、什么情况下都能满足客户的要求。有些销售员经常在该说“不”的时候没有说“不”，结果到头来将自己陷入被动的境地。从以上的谈话中我们不难看出，对于经验丰富的销售人员来说，没有说出“不”字，却巧妙地拒绝了客户的要求，在无形中表达了拒绝的意思，既回绝了客户，又给了客户一个台阶下。所以，恰到好处的拒绝既有利于自己，也有利于客户。

【实战要点】

在销售的过程中销售人员经常会遇到有些客户会提出一些不合理的要求，对于这样的客户我们应该从他们的角度出发，如果答应他们的要求会出现什么样的严重后果，向客户表明利害关系，从而取得客户的谅解。这时，如果是经验不足的销售人员，直接拒绝客户要求的话会很容易激化矛盾。经验丰富的销售人员在拒绝客户的请求，否定客户意见的时候，往往委婉地表达。这样既能使对方接受你的意见，又不会伤害对方的自尊心。当你准备说“不”时，不妨采取下列几种策略和口气来应对。

1. 用肯定的口气拒绝

先对对方的意见进行中肯的肯定，然后再找个理由拒绝，这就是用肯定的口气拒绝的运用技巧。直接反对对方的意见会给对方比较突兀的感觉，情感上因为太突然而难以接受。但是，首先对他的意见给以肯定，让他先有一个好的心情，再拒绝时他也不会过于难受，因为他也有所收获啊！

一位长期从事销售的部门负责人说，他最喜欢的词句是：“这个提议非常好，以后我们可以适当采用。”“好主意，不过我恐怕一时还不能实行。”先用肯定的态度表示拒绝，可以避免伤害对方的感情，而用“以后”“一时间”等字眼，表示还未完全拒绝。

2. 用恭维的口气拒绝

用恭维的口气拒绝对方，即使你是在拒绝对方，可是对方听到的却是你对他的恭维，对于你的拒绝虽然心存不悦，但是由于你的恭维又使这种不平心理得到了安抚，算是打平了，所以，对方也不会因此过分难受。

3. 用商量的口气拒绝

如果有人邀请你参加某个集会，而你偏偏有事缠身无法接受邀请，你可以这样说：“实在对不起了，我今天的确太忙了，下个周日行吗？”这句话要比直接拒绝好得多。

用这种口气拒绝最大的优点就是给了对方另一个希望，使对方感觉你不是很直接地拒绝，没有让他觉得很难堪。

4. 用同情的口气拒绝

最难拒绝的是那些只向你暗示和唉声叹气的人。例如一位外地朋友对你说：“老李要出差到你们那边。要不是旅馆宿费那么贵，我也会跟他一起去。”

这时你应该采取的策略，是以同情的口吻说：“啊，对你的问题，我爱莫能助。”另一对策是打开天窗说亮话：“如果你是在问能不能来我家里住，恐怕这个周末不行了。”

5. 用委婉的口气拒绝

试比较一下“我认为你这种说法不对”与“我不认为你这种说法是对的”，“你觉得这样不好”与“我不觉得这样好”这两种表达方式，我们不难发现，尽管前后的意思是一样的，但后者更为委婉，较容易为人所接受，不像前者那样有咄咄逼人之势。

6. 忌与对方套近乎

给人以敬而远之的态度，比较容易把“不”字说出来并说得较好。换句话说，对方试图与你套近乎，你要保持头脑清醒，以免做了感情俘虏，让对方乘胜追击。一般来说，见一次面就能记住别人名字的人，常常是容易接近的人，故此，在交谈中不断称呼别人名字，并冠之以“兄”“先生”等常可以产生亲近感；那么，反过来当你想说“不”时，便应杜绝这种亲密的表示，即对方的名字一概不提，这样加大与对方的心理距离，就容易说“不”了。还有谈话时尽量离对方远些，使其不容易行使拍、拉等触动性的亲密动作。据心理学家研究，触摸是很容易产生共同感受的，故准备说“不”时应注意避免。另外，最好也不要触摸对方递上来的东西。东西和人一样，一经触摸也会产生亲密感，想要拒绝就不容易了。

巧妙解释价格内涵，回复客户的价格异议

价格异议是客户异议中最常见的，因为客户在购买产品时，绝大多数人都希望得到更多的实惠，因此无论是真是假，也无论有没有支付能力，很多客户都习惯性地和你讨价还价。他们往往会说“你把价格再降一点吧”“你这个价格太高了，其他家没有你们这么高”……面对客户的这种异议，销售员首先要结合客户的肢体语言，准确地判断客户对这件产品的喜爱程度，准确判断客户提出的这种价格异议是真还是假。你要会讲“因为”两个字，如：“这个东西的确不便宜，因为它的材质、品质、使用年限，还有售后服务都很优越。”处理得好，客户就不会再有异议，而会心甘情愿地掏腰包买单了。

【实战案例】

客户：“你好，我想咨询一下这款笔记本电脑，你们这里的零售价是多少？”

销售员：“您好，我们这里的零售价是 8500 元。”

客户：“你们的报价有些高。”

销售员：“先生，关于价格的问题，您不必担心。网上报价和现实成交价

总是有差距的。不过我可以保证，您在我这拿货的价格绝对是这个商场最优惠的。因为我们追求薄利多销。说实在的，现在市场竞争太激烈，价格几乎是透明的。”

客户：“是吗，那为什么比网上价格高出500元呢？”

“您在网上看到的信息可能是搞活动的促销价，要不然，这种价格我们进货都进不到呢？我们一台电脑卖8500元，进价就8000多元，还有水电、人工、房租、运输、服务、税务等杂费的开销……说实在的，有时我们100元都赚不到，都不容易呀。”销售员将价格分解开来，详细说给客户听。

客户看着那位销售员，没有说话。销售员接着说：“兄弟，8400元吧，希望您能多给带几个朋友过来，以后电脑方面遇到什么问题都可以打电话给我，互相帮忙，这是我的名片，交个朋友。您要是还不能拿走，那您在这个商场就再也找不到比这低的价格了。”

最后，客户从销售员那里以8400元买下了那款电脑。

客户质疑价格高了，销售员不妨让客户明白价格的真实内涵：不是利润大，而是各项成本耗费太大。明白了这些，客户对于价格也就不会再有争议了。这种方式可谓是行之有效的推销手法，一切都让客户感觉自己是在公道、透明、互信的环境下洽谈交易，还让客户感觉这不仅仅是一次消费，而且还认识了一位新朋友——朋友的价值是无限的。

可见，面对计较价格的客户，销售员只需在客户提出异议的最初阶段阐述价格的公道性，让客户理解，使对方安心，不再抵触价格，然后故意请求客户帮忙介绍客源，使客户保持兴趣继续商谈或决定购买。当然，销售员在化解客户的价格异议时，必须对自己的产品有信心，相信公司的产品售价是合理的，是物有所值甚至物超所值的，这样才能使说服力大为增加。

【实战要点】

在销售实战中，最常遇到的异议就是客户对价格产生的异议，原因可能在这两个方面：要么是对商品本身的确有疑虑；要么是因为价格太贵，以此作为不购买的理由，或为要求减价寻找借口。销售员只要把握好客户的心理，就能找到价格异议处理的突破点。以下是几种价格异议处理方法，销售员如果能够学会，就能轻易地处理价格异议了。

1. 预先设计法

客户对价格提出异议是很正常的，销售人员要拿出应对策略，举出充分的证据，说出令人信服的理由，让客户相信你的产品物有所值或者物超所值。否则，销售员就难以获得价格优势。

2. 优势凸显法

在销售过程中，为了使客户接受价格，销售员一定要抓住客户对这个产品的主要需求和利益点，针对这些进行证明或说明，让客户感觉花这个钱值得，从而消除客户的价格异议。而非一听客户讲价格高，立刻转换到价格低的产品介绍，找客户能接受的产品或价格。要知道，客户追求的是较高的性价比，将价格低的产品介绍给客户，是对客户的不尊重。

3. 缓兵之计法

在客户对产品还没有全面了解之前，最好先别跟客户讨论价钱，而是先向客户全面地介绍产品及其价值。比如你可以说："您先别急着讨论价钱，先看看产品怎样再说……先看中东西，再谈价格，好吧。"当客户对产品质量产生信赖后，一般不会对价格产生异议了。

4. 搜集证据法

广泛收集和整理出可证明产品价格合理的数据和资料，向客户证明价格是合理的。抱怨价格高的客户，他们认为价钱最重要，而不在乎品质好坏吗？其实，价格和品质都重要！口才好的销售员在说服客户时，不仅要证明品质好，还要让对方认为钱花得值当。

5. 说理比较法

"这件产品值不值这个价钱，关键要看产品的质量、服务和品牌……"这是说理比较法的常见方式。其目的是通过同类产品的价格状况说明不同品牌的价格差异，不能将一些没有可比性的产品放在一起比较。运用这种方法需要注意的是不要就事论事，只说自己的品牌好，而别人（便宜）的品牌不好，或者干脆说："你也不看看这是什么品牌？"这样难以取得客户的信任，说服客户。最好举出一些不同类型产品作比较。如果你卖的是服装，不如说："您看手机，苹果手机与小米手机价格就是不同，小米手机比苹果手机便宜，因为牌子不同。"如果你是卖电器的销售员，那么你不妨说说服装。

总之，销售员在推销实战中，要根据客户对价格要求的松紧程度以及客户面对价格的态度，灵活调整自己解决客户价格异议的办法，争取做到事半功倍。

品牌遭遇质疑，通过对比说服客户

随着人们生活水平的提高，客户对品牌的热衷度越来越高，尤其是有些年轻的客户，更是将品牌视为时尚和品位的标志。更有甚者，非著名品牌不买。我们经常会发现，任凭销售人员怎么介绍某款产品的优点，客户还是会产生疑问："我只买品牌产品，这种杂牌的产品没有保障，我可不会买。"这类客户常使得销售员不知如何应答，只能放弃销售。但是口才好的销售员总能够运用语言技巧消除客户疑虑，继而让客户选择购买自己的非著名品牌产品。

【实战案例】

一天，一位女孩来到某商场内衣销售区。

销售员："美女，您是想买什么吗？进来看看，我们这里内衣齐全，款式也多！"

客户："这款文胸挺漂亮的，是什么牌子的？"

销售员："您真有眼光，这是我们昨天刚进的货，是××牌的，最近我们这款产品卖得很火。"

客户："××牌是哪里的品牌？我没听说过这个牌子。"

销售员："是产自上海的一个品牌，可能您没听过这个牌子，实际上，我们这个牌子已经上市十多年了。全国大中城市基本都有我们的专卖店。不过本市只有我们一家。小姐肯定知道雅思亚这个品牌吧，在行业内，我们已经成为和雅思亚一样知名的品牌了，我们品牌的价值，甚至比雅思亚还高呢。"

客户："真是这样吗？雅思亚可是大品牌。"

销售员："是的，我们品牌的设计理念就是要让每一位穿戴它的女性感觉轻松舒服，起到保护身体的作用，同时，还要环保。毕竟，产品质量就是企业的生命，它直接关系到我们的销售量和信誉度，把产品做好是任何一个品牌形成的最根本原因。”

客户：“这话倒不假。”

销售员：“您手上拿的只是其中的一款，您看看这边……”

最后，客户愉快地买走了好几套内衣。

案例中，这位销售员是聪明的，当客户说“没听说过这个牌子”时，他并没有直接否认客户的观点，也没有说：“怎么会没听说过呢，我们可是全国知名品牌。”“这个品牌在这一行业很出名的。”因为这种解释显得很空洞，对客户毫无说服力。销售员把自己的品牌和另一个客户熟知的品牌进行比较，将自家的产品和著名品牌放到一个平台上。最后，再将自家产品的主要优势介绍给客户，通过进行一系列的分析，打消客户对这一陌生品牌的疑虑。

【实战要点】

针对客户只认牌子不认产品的情况，销售员该说些什么才能有效地打消客户对品牌的异议呢？

1. 大胆劝客户试用，让产品效果说话

让客户肯定你的产品，最有说服力的方法就是让客户亲身体验，让产品效果说话，当客户接受了这个新产品，也就会接受这个品牌。

2. 在进行品牌对比时，所类比的产品应该是客户信任、熟悉的

我们可以这样向客户提问：“那么，您觉得哪个牌子的产品好呢？”当客户回答后，我们首先要认同客户的观点，然后再将自己品牌的产品与名牌产品进行比较。如果二者相同，则强调自己产品的优势；如果产品不一样，则强调产品的特性。

3. 提供关于产品的最有利的证据

有些时候如果我们的产品无法让客户试用或者为客户演示，不妨向客户提供关于公司品牌的一些具有说服力的资料，或是承诺质量保证，或是证明公司优秀的经营管理和较强的销售能力，还可以向其介绍一些品牌的销售状况和品牌的发展前景等。

总之，客户如果只认品牌不认产品，我们就要从产品质量方面给予保证，

并强调产品的优势不仅在于产品本身，而且在价格和售后等方面也会让客户感觉物超所值。同时，可以适时地让客户体验产品，用其体验产品为其带来的好处，使客户自然而然地选择购买自己认可的产品。

将疑问返还对方，让客户回答自己反对的问题

有时候，销售人员会遇到这样的情况：客户提出了很多异议，但是销售人员还来不及解释，客户又提出了其他的问题，并且在后面的谈话中将自己前面提出的问题全部解答了。这时，销售员可以返过来去问客户，这样的提问我们称为“返问”，让客户自己提出了问题，又自己解答。在这种情况下，需要销售人员具有认真倾听的精神，如果你能够真诚和耐心地倾听，并在必要的时候插进几句简单的话与客户保持沟通，引导他们谈话，一旦客户回答了自己曾经反对的意见，情绪就会平静下来。比如，你可以“返问”：“王先生，我对您的这个看法很感兴趣，可否请您进一步解释一下呢？”或者，你可以直截了当地“返问”：“为什么您这么认为呢？”

假如客户的反对意见并不是十分合理，或客户自己对这个意见也是一知半解，想法也不是很成熟，这时，通常他们会坚持一阵子，然后就会承认这个问题并不是很重要。

【实战案例】

萨姆曾在某地推销一种新型播种机。当时，这个地区还没有流行使用这种大型机器。

这一天，萨姆到附近一个农场进行拜访。农场主约翰先生刚从田地里回来。萨姆向约翰绘声绘色地介绍完产品后，约翰先生看了他一眼，说：“对不起，我不需要这种产品，而且白天工作非常累，我需要休息了。”

过了几天，萨姆又去了约翰家。这次，他和约翰先生聊了一些生活琐事

和农场的经营情况。聊天中，萨姆问："约翰先生，为什么上次您说不需要那种机器呢？"

这时候约翰先生说："你不知道，当时我已经雇用了十几个工人了，这些工作完全可以通过人力完成。"

之后约翰先生滔滔不绝地说了将近半个小时，先说机器太贵，又说到手工劳作的辛苦，最后竟然感叹说："拥有一台机器该有多好啊！"

于是，他对萨姆说："能不能给我一张订购单？我想购买一台播种机。"

萨姆在第二次的谈话过程中，始终把倾听作为主要工作，成功地完成了说服的任务。

很多时候，客户反对销售人员提出的看法，并不是因为他不愿意购买，而是他需要得到他人的认可。这时候，深谙口才技巧的销售人员往往会一边倾听客户的谈话内容，一边引导客户进行更深入的谈话，这样会取得非常好的效果。

既然是谈判，首先要学会倾听。尼尔伦伯格明确指出，倾听是发现对方需要的重要手段。美国谈判学家卡洛斯也说过："如果你想给对方一个你丝毫无损的让步，这很容易做到，你只要注意倾听他说话就成了，倾听是你能做的一个最省钱的让步。"而恰当的提问则有助于倾听。

总之，让客户回答自己的问题，就是一种真诚倾听与"返问"客户的有机结合。

【实战要点】

"返问"就是在客户对你提出质疑的时候，不直接回答他，而是将疑问返还给对方，让对方给出这个问题的答案，然后，销售员再给出相应的解释。如何提出"返问"，让客户自己回答自己的问题呢？

1. 销售人员要有耐心和服务的精神

让客户回答自己的问题，需要耐心地倾听客户诉说，让客户说出自己的看法、自己的意见，有时候客户自己在说话的过程中就回答了自己之前提出的问题。

2. 提问的语气和表达的态度要温和

心理学研究表明，人们难以接受那些对自己带有攻击性的、违背社会规则的、违反伦理道德的行为或事物。如果人们感觉到别人对自己说话的方式和意图是善意的、缓和的、尊重的，就愿意接受。在自己真实目的不变的情况下利用语序变化改变语调，使听话者产生愉悦感，在态度上形成积极的呼应，减少对抗、戒备、敌视等不良情绪。

3. 提问要简明扼要

提问的内容太长、太多，有碍于对方的信息接受和思考。提问后应允许对方有思考后再作答的时间，不要随意搅扰对方的思路。

很多时候，客户提出异议，并不是真的要销售员进行解答，而是要得到销售员的认可，这时，销售员就可以使用提问的方式让客户自己回答自己的异议。当然，在引导客户自己回答异议的过程中，销售员要以热情的语气和真诚的态度予以肯定。

口才提升与实战训练

1. 口才拓展训练

道具：几本不同类型的图书。

参加人数：6 人以上。

方法：以 6 人为例，分成 3 组，每组选择一本书进行销售练习，每组内一人扮演客户，一人扮演销售员。由一人向另一人对该书进行销售说明。

规则：另一方要不断地提出异议，直到对方真正给出说服你的销售说明。

目的：锻炼销售说明的技巧，锻炼应答应辩能力。

2. 口才情境分析

一家网络公司要建一座办公大楼，总的工程包括三个大型工程，分别由三家建筑队承包。网络公司的老总要求，所有工程必须在两年内完工。实际上，三家建筑工程队，不管哪家，要在两年内完成这个工程都很难做到。

网络公司的老总在接触这三家建筑队时，三家无一不表示最少需要30个月才能完成，但是，网络公司老总告诉这三家建筑队："务必在两年内完工，否则就终止合同。"

甲工程队的经理听了老总这样说，就毫不犹豫地应承下来。

乙工程队的经理听了，就对网络公司老总说："这么大的工程量，除非延期，不然我们不干了！"

丙工程队的经理则对网络公司老总说："您看，这个工程量，正常需要32个月才能完成，我们计划30个月完成，已经是让工人加班加点施工了，现在又要提前6个月，所有工人恐怕连睡觉的时间都没有了。"

你分析一下，哪位经理的回答更妥当？

参考答案

在面对远远超过自己负荷的工作量时，甲工程队的经理毫不犹豫地应承下来。这样虽然避免了解除合同的风险，但却给自己背上了难以承受的重负，到时候完不成任务，恐怕就要承担违约责任了。

乙工程队的经理直接提出了自己的要求，其实是拒绝了这么繁重的任务，虽然说出自己的想法，但却过于直接，大多数情况下老板会下不来台，面子上很不舒服，因此乙工程队经理的回答欠妥当。

丙工程队的经理给老板摆列出完成工程实际所需要的时间，暗示自己的任务严重超量。既传达了自己的意思，又给了老板下台的台阶，兼顾了双方的情面。因此他的回答最妥当。

3. 口才实战训练思考

客户说："这件皮大衣的设计、颜色都非常棒，令人耳目一新，可惜皮的品质不是最好的。"如果你是销售人员，你该怎么样回答客户呢？

参考答案

当客户提出具有事实依据的异议时，你应该承认并欣然接受，而不应该强力否认事实。但记得要给客户一些补偿，让他获得心理上的平衡。例如你可以这样回答："您真是好眼力，这个皮料的确不是最好的，若选用最好的皮料，价格恐怕要高出现在的5成以上。"

第8辑 学会价格谈判，让产品以高价成交

销售价格谈判是借助于谈判双方的信息交流完成的，而谈判中信息的传递与接收需要通过谈判者之间的叙述、提问、回答、拒绝、说服等方式完成。在价格谈判的时候，销售员必须随时注意这些信息沟通技巧的运用，以便顺利地完成谈判任务。所以全面了解并掌握叙述、提问、回答、拒绝、说服中的语言技巧是在价格谈判中取得主动权并最终取得交易成功的重要因素。

运用销售谈判口才，在沟通中把握主动权

价格谈判是交易成败最重要的结点，所以，销售员有良好的价格谈判口才显得非常重要。很多时候，利润是销售员推销产品的终极目标，如果不能在客户那里争取理想的价格优势，那么，这场交易可能将变得价值微薄甚至是失败。所以，销售员要想在价格谈判中获得主动，就一定要掌握谈判口才。

【实战案例】

A公司、B公司与C公司，谈判合作投资珍贵药材石斛种植生产事宜。

C公司位于石斛生产基地，有很好的地域优势，很想控制货源，但又无能力为该合作投入现金，只想用人力与无形资产投入。

A公司和B公司代表去石斛产区参观考察，C公司积极派人配合并陪同前往，整个日程安排周到。之后，三方就合作投资方式进行了讨论。

A公司："我公司是较强的石斛种植专业技术公司，所研发的产品在市场占有相当大的份额。"

B公司："我们在市场进行过石斛的投资，尽管失败了，但我们认为这里的石斛资源丰富，潜在市场大，很想找一个合作伙伴再重新干。"

C公司："你们算找对人了。谢谢你们这么看重我们，你们想与我公司怎么合作呢？"

A公司："我公司计划在石斛产区找一个有信誉、有能力的大公司，一起投资石斛种植。"

C公司："我公司是石斛种植技术公司，但从我公司近期发展规划看，大规模切入市场这个不是投资重点。"

B公司："你们的情况我们理解，不过A公司却有诚意在这里投资，由于我公司第一次的投资失败，使得这次投资十分犹豫。"

C公司："的确，我们从农民手里转包他们的山场，给钱时，说得很好，钱倒手后就不是那么回事了。作为外来投资者需要解决：石斛种植农户合伙人的选择、当地政策、人文和市场等问题。这些都影响投资成本和成败。"

A公司："你们讲的正是我们担忧的，我们希望像贵公司这样的公司可以解决这些问题。"

C公司："我公司按规范进行工作，尽管我们是当地人，但我们认为，因地制宜地寻找合作模式是成功合作的重要条件。"

B公司："若你们能参与合作，将是有意义的。"

C公司："刚才我们已谈到贵方这样投资的问题所在，但我们十分赞赏贵公司对石斛种植投资的勇气，作为本土的公司，我们很愿意提供帮助，不过，我方将不以现金投入，而以我们的商誉和协助解决上述问题的服务作为投入。"

A公司："你们这种投入也是有价值的。"

C公司："如果你们认为是有价值的，那么我建议你们可以将它列出来，再作个价。当你们与我们谈判合资时，我方可与你们作为一方谈判。我们在合资企业的股份，将从你们所占的份额中划出。"

B公司："你们的建议可以考虑。"

C公司："若你们同意我们提出的合作方式，那么，请你们提供协议方案以确定双方关系，便于以后的工作。"

A、B公司："待我们回公司汇报后，将书面回答你们。"

A、B公司代表回去后不久，给C公司来电，同意C公司以其商誉和服务入股。C公司为保证提供货源和不出现金入股的方案谈判成功。

C公司在谈判中，运用了讲政策、讲实际难度的方法，而A、B两公司则运用了挡箭牌、步步为营的策略。先坚持C公司出资，后谈以服务入股问题。但是，C公司通过完美的应答，有理有据，赢得了A、B两公司的理解，实现了他们不想以现金，希望以服务投入的合作形式。

【实战要点】

销售谈判是一种买卖双方之间经过计划、沟通，以及分析的过程达成互相可接受的协议或折中方案。所有交易的条件都包含在这些协议或折中方案里，而不是仅仅只有价格。一般来说，销售谈判要掌握以下原则和技巧。

1. 销售谈判的主要原则

人们往往将谈判这个词狭隘地理解为只是限于讨论某个问题。如果你将其他所有的问题都解决了的话，最后只剩下价格谈判，那么结果就只有两种，要么输要么赢。但是如果谈判桌上不止一个问题，那么情况就会截然不同，因为你总会找到一个交换条件从而让双方达成公平交易。每个人谈判的目的都是不一样的。大多数的销售人员都会认为价格在谈判过程中占据着主导地位。显而易见的是，除了价格因素，其他的一些因素对于买方来说也是至关重要的。例如，产品的质量、外形，与同行相比有什么样的优势等等。有的人认为在谈判的过程中得到的好处越多越好，商场上只有永远的利益，没有永远的朋友。你或许觉得自己胜了，但是你的这种得寸进尺，过于贪婪让对方觉得你击败了他，你口中的胜利又有何意义呢？所以不要把好处都一个人占为己有，也要适当地留一点给对方，让他也有谈判胜利的感觉。

2. 识别销售谈判行为中的真和假

销售谈判行为是一项很复杂的人类交际行为，它常常伴随着谈判者的行为举止、心理、动作等多个方面、多个维度的错综关系。

对于谈判行为我们可以粗略地理解为这就是一场游戏，只不过这场游戏既严肃又充满了智趣。在这场游戏中参与者必须要遵守一定的规则，在此过程中都会各自尽力地寻找那不知会在何时出现的谈判结果，但是可以肯定的是，最终的结果都必然是在双方都能够接受的条件下产生的。这就要求谈判者应以一个真实身份出现在谈判行为的每一个环节中，从而赢得对方的信赖使谈判活动维持下去。

但是谈判本身就具有一定的复杂性、手段性。谈判者可能会以虚假的身份保护自己，迷惑对手，以此来取得最终的胜利。这样就使得原本很复杂的谈判行为变得更加的难以识别，真假相参。

3. 销售谈判中的让步策略

销售谈判中所提到的让步策略包括几项原则：刚性原则，时机原则，利益最大化原则，清晰原则和弥补原则。这就需要销售员在具体运用这些原则时，要灵活机动地加以表达。

一般情况下，在销售的过程中往往都会想到要注意一定的销售技巧。在双方快达成协议的时候，你就会看到买卖双方都会尽力去维护自己的价格，大多数的谈判一般都会把焦点集中在价格上。

例如，一位口才好的卖主会把自己的产品说得天花乱坠，从而把自己的产品价位提高；但是对于买主来说无论卖主把产品说得多么的完美无缺，也会在蛋里挑出骨头，从不同的角度说出产品的不足从而将价格降到最低。最后双方都会说出很多的理由来支持自己说出的价格。到最后谈判的结果难免会陷入僵局，这是毋庸置疑的。如果不是僵局，那么往往是有一方做出了让步，或者是双方都各自做出让步从而达成一个都能够接受的结果。这样的谈判方式，在销售活动中是非常普遍的。

以上所谈到的谈判方式称为“立场争辩式谈判”。其特点是：谈判双方都会为了自己的立场而去争辩，通过双方的让步而达成最终的协议。这种谈判方式属于最传统的、最普通的谈判方式。许许多多的谈判技巧也都是以这个出发点为核心来进行的。

如果大家都在商业活动中遵循这样的谈判原则和技巧，那么容易使谈判陷入一种误区。这样的谈判方式是不可取的，有时会使双方闹得不欢而散，甚至还会丧失了今后合作的机会。

会听、善说、巧问，有效收集讨价还价信息

价格上的唇枪舌剑，并不是按顺序地倾听、述说、提问。根据情况的不同，可能只用到了其中的一两个技巧，也可能会三种技巧反复使用。在实战中会出现这样的情况：你想先听对方的陈述，但是当时的情况使你不得不先将自己的观点摆明。这时不要将己方所有的信息和盘托出，最好只讲一些最基本的和对方可能已经了解的信息，使自己还基本处于暗处。因为大篇幅、

详细的讲述很可能将自己的弱点暴露给对方。接下来，将球抛给对手，运用倾听的技巧，最大限度地从对方的口中得到需要的信息，如对产品的认可程度等，这样才能在讨价还价中获得优势。

【实战案例】

我国曾从日本进口了一批FP-418汽车，在使用时普遍出现了严重的质量问题。为处理这件事，中日双方在北京进行了谈判。

谈判之前双方都做了充分的准备。日方深知这批汽车确实存在严重的质量问题，索赔是不可避免的，但想尽可能的少赔。中方这次的任务是将已经出现的损失降到最低。谈判一开始，中方先介绍了这批汽车在中国各地使用时损坏的情况和客户对此的反应，但并没有提到索赔的问题。日方代表避重就轻地说："这批汽车确实存在一些问题，比如，轮胎炸裂、挡风玻璃炸碎、电路存在故障、铆钉震断等现象，有的车架偶有裂纹……"

这样的言辞明显是对方精心准备的，因为质量问题与索赔金额直接相关。中方代表反驳："贵公司代表都曾到过现场，经商检和专家小组鉴定，铆钉并不是你们刚才所说是震断的，而是剪断的；车架出现的也不仅仅是裂纹，而是裂缝；而车架的断裂不能用'有的'或'偶尔'来描述，最好用比例数据来表达，这样更为科学准确……"

日方又以尚无准确统计数据和中国的道路有问题来推卸责任，并说这样的情况在他们公司从来没有发生过。中方拿出了商检、公证机关的检验和公证结论，还有商检机构拍摄的录像带。在这样的证据面前日方不得不承认，这些情况是由设计和制作上的质量问题导致的。

货车损害的归属问题取得了一致，下面的谈判更加艰巨，因为具体的赔偿金额才是最重要的问题。接下来的谈判要凭科学数据，中方派出专长经济管理和统计且精通测算的代表首先发问："贵公司对每辆车支付的维修加工费是多少？总额又是多少？"

日方回答："每辆10万日元，共计5.84亿日元。贵国报价是多少？"

我方答道："每辆16万日元，共计9.5亿日元。"

日方说："贵国报价的依据是什么？"

"我们提出的这笔加工费并不高。如果贵公司感到不合算，派人维修也可以，这样的话，恐怕贵公司耗费的就不只是这个数了。"

日方转变了态度，问："贵国能否再压低一点？"

真正的讨价还价大战开始了。

"为了表示我方的诚意，贵方的要求可以考虑。贵公司打算每辆出多少呢？"

"12 万日元。"

"13 万日元怎么样？"

"可以接受。"这项费用日方共支付 7.76 亿日元。

接下来是双方争议最大的间接经济损失赔偿金。金额高达几十亿日元。日方率先报价，语气十分坚定，显出咄咄逼人的态势。中方在这时却沉默不语，仔细听着对方的报价，努力找出漏洞。

日方总报价为 30 亿日元，这与中方自行精确计算过的报价 70 亿日元相差巨大。讨价还价大战又开始了。

"贵国所提出的索赔过高，若不压半，我们的妻儿老小可怎么活呀？"

"贵国生产如此低劣的产品，给我国造成这么大的经济损失。我们不愿意为难诸位代表，如你们做不了主，请贵方决策人来与我们谈判。"

双方各不相让，谈判无法继续，暂时休会。

谈判再次开始，双方在一番激烈的讨价还价后，陷入了沉默。我方首先开口："如果贵公司有诚意，彼此均可适当让步。"

"我公司愿付 40 亿日元，这是最高数额。"

"我们希望贵公司最低限度必须支付 60 亿日元。"

差额从 40 亿日元缩小到 20 亿日元，但离最终达成协议还有距离。几经周折，双方在 50 亿日元上达成共识。除索赔外，日方愿意承担以下三项责任：确认卖到中国的 FP-148 为不合格品，全部退货，更换新车；新车必须重新设计试验，精工制作，经中方专家试验和考察；新车未到前，对旧车进行应急加固后继续使用，日方提供加固件和加固工具等。

一开始，中方阐述了日本货车在中国使用时损坏的情况和用户的反应，这一发言，虽然没有提到索赔的问题，但却为索赔奠定了基础，中方要给日方传达的信息是：事实如此，赔与不赔，并不需要谈，要谈的只是索赔金额的问题。随后日方的发言避重就轻，其想用文字游戏将已经造成的损失描述到最小，以推卸责任。中方认真听完后，抓住日方想蒙混过关的关键字句进行了反驳。接下来，日方又企图将责任归到中方的道路上，被我方事先准备好的证据回击。这几轮精彩的博弈，充分体现了倾听与述说的运用。倾听，要理解对方表达的内在含义，而不只是停留在文字的表面意义上，更要抓住对方的破绽，以便之后的反击。述说，要将自己的意图表达清楚，更要防止被对方抓住破绽。

赔偿金额的谈判，双方都运用了提问的技巧，试探对方的价码。你可能会注意到，谈判过程中运用提问的方法，不仅可以试探到对方的想法，也能很好地缓解谈判的紧张气氛。

【实战要点】

倾听、述说、提问，不管哪一种方法都是为了获取信息、传达信息，而这些信息是讨价还价过程中销售员必须掌握的，两部分信息结合起来才能达到最好的效果。那么，在讨价还价的过程中，销售员如何倾听、述说、提问呢？

1. 倾听

讨价还价时，“谈”字放在首位，“谈”不仅仅是说话。要够得上“谈”字，至少要有两个以上的人，在互相诉说与倾听中了解对方的想法，表达自己的思想。既然说话的人不只是一个，要做的也不只是说清楚自己的想法。那么，倾听就是在讨价还价时了解对方很重要的一环。

一句话，不同的人会听出不同的效果，也会得到不同的信息。比如，老师讲课，同样坐在下面的几十个学生，对这堂课的理解和掌握程度会参差不齐。这首先取决于兴趣，如果老师所讲的内容正好是你想了解的，当然，这节课你掌握的知识一定不少；如果你对老师讲的内容一点都没兴趣知道，只是因为你是学生要坐在这里，那么，这节课，就算你听进去了一些，也会迅速忘掉。首先，在谈判中，对方所说的，如不是故意扰乱视听，一定是你应该感兴趣的，因为其中包含对方的想法及要求，这与谈判的最后结果息息相关。其次，在大家都非常感兴趣的情况下，理解和掌握的多少就在于你是否预习过相关内容，你对老师讲课风格的了解有多少。讨价还价也一样，事先对对方情况及讨价还价所涉及的技术和市场情况的了解和分析，将十分有利于价格谈判信息的收集及适时做出反馈。再次，精力的集中和思维的速度也是影响倾听效果的主要因素，和在课堂上一样，精力不集中就会出现少听或漏听的情况。有时跟不上对方的思路或思路不同，也会造成漏听或者少听。

另外，倾听的时候，用到的不只是耳朵，更要用眼睛观察对方的表情和动作，用心感觉对手在说到不同问题时的心情，分析其动机。即耳、眼、心并用。

2. 诉说

讨价还价的过程中，我们要让自己的观点、立场、方案被对方接受，述说是很重要的一环。在述说中恰当地表达自己的观点，不暴露自己的弱点，直接关系到谈判的成败。

一般来说，礼节性、专业性的语言在谈判过程中是不可少的。双方初次见面，语调温和、态度中性的礼节性语言可以缓和陌生感，并给接下来的价格谈判创造自然、和谐的气氛。一般商务谈判的主体语言是专业性语言，为使双方责、权、利落到实处，确保执行，减少风险，必须使用严谨、逻辑性强的专业性语言，尤其在拟定合同及合同签署时。价格谈判时经常使用的语言还有弹性语言、劝诱性语言、幽默语言，在某些特殊情况下还会用到威胁性语言。视谈判对象和谈判气氛的不同而灵活运用这些语言，是一个成功的谈判者必备的技能。

3. 提问

听了对方的述说，还没有真正摸清对方的意图、掌握对方的心理，这时提问就可以帮你的忙了。提问的方式有一般性提问、直接性提问、澄清性提问、探索性提问、选择性提问等等，不一而足。在价格谈判的不同阶段会出现不同的问题，这些问题的出现会带给价格谈判不同的气氛。恰当地运用各种提问方式，不但可以使问题迎刃而解，更能让气氛有利于己方。比如本节案例中，中方代表多次使用直接性提问，迫使日方先出价，摸清对方的底牌后，再进行讨价还价。这样的做法，不但可以在谈判中处于主动地位，还可以暂时控制谈判的节奏，为较高价位的谈判打下基础。

设计试探性问题，在价格谈判中占据主动

你可能会说，问题谁不会提啊。是的，每个人都会提问，但是价格谈判中的提问不同于生活中的提问，一个巧妙的提问或许能够获得一个重要的信息。所以说谈判提问不可小觑。因此，销售人员应该掌握一些提问的小技巧。你要会设计许多试探性的问题，引出客户关切的重点，刺激客户继续谈下去的意愿。这样，销售员就要好好想一想自己要问的问题，别让对方用“是”“不是”“可以”“不可以”之类的字眼，把你打发走。

【实战案例】

明盛公司是一家专业生产和销售饮料的公司，公司5年以前就进入了云南市场，由于对所有客户采取的是“一口价”买断的经营方式，而且没有严密的分销网络，市场投入也很少，因此年销售额只有700万元左右。

后来公司决定重新整合云南市场并建立完整的分销网络，总部给云南市场下达了2000万元的业绩目标。从700万元一下跳到2000万元，使得原本觊觎云南区域市场的众多销售经理都知难而退，但明盛公司销售经理宋明却知难而上，赴任云南区域经理。

宋明上任后，如何在各县找到合适的代理商并能签订有把握的目标量就成了他的主要工作任务。

宋经理按照预先的约定拜访了兴化地区代销商徐老板。徐老板以前从明盛以现款买断货后就加点利润批发给终端或直接零售商，去年共销售饮料20万元，而销售其他品牌饮料为150万元。双方寒暄之后立刻进入了主题，话题就围绕着目标量和厂家的条件展开了。

宋经理：“徐老板，您以前仅仅是我们公司在兴化的客户之一，合同也

未签，每年可以销售康德饮料 20 万元。假如我们正式授权您为我公司的代理商，享受代理商的供货价，您可以完成多少销售额？”

徐老板：“40 万元应该没问题，只是担心市场的窜货。”

宋经理：“我们有统一的市场价格和管控体系，不会发生价格混乱。关键看同一地区代理商之间的默契，不能搞恶性竞争。”

徐老板：“我希望能成为你们在兴化的独家代理商，这样市场不容易乱。”

宋经理：“我知道您的终端客户很多，但我们公司对独家代理商有很高的要求，像兴化市这样的市场，40 万元肯定是不行的，而且成为我们的独家代理商必须主推我们的产品。”

徐老板：“那就 60 万元吧，我是兴化的总代理。”

宋经理：“您去年所有饮料销了 170 多万元，您认为代理明盛产品还有哪些因素影响您的销量提升？”

徐老板：“由于是现款从你们公司提货，所以不敢多进货，怕卖不完压仓库；但有时容易缺货，而丧失了一些机会。”

宋经理：“假如不用担心库存风险，您能增加多少销售额？”

徐老板：“7 万～ 8 万元应该可以。”

宋经理：“行，您最后一批进货所产生库存的 70% 的费用我们公司承担，但您必须承担退货的运费。您的销售目标就按 70 万元算。还有其他阻碍因素吗？”

徐老板：“饮料的季节性太强，厂家经常调价，如果降价而厂家不补差价我们就遭受损失了。如果厂家能补差价，我们就无后顾之忧了。”

宋经理：“但您必须增加 5 万元销量，我承诺 100% 补差价。还有什么能增加您销量的其他办法吗？”

徐老板：“我个人能力有限，特别是终端推广方面，如果你们能经常过来指导或帮助我进行终端客户的谈判和管理就好了。”

宋经理：“由于您这里是重点市场，我们今年专门派了一名业务经理负责泰州地区，以帮助代理商开拓和管理终端客户并做好市场推广工作。但同样，您要增加 5 万元销量噢！”

徐老板：“还有什么优惠条件，都给我算了，最好供货价能再优惠一点。”

宋经理：“我们专门针对您这样有潜力的客户拟定了‘大户奖励政策’，如果您能销售 90 万元，年终可以给您返利 5000 元；达到 100 万元的返利 1 万元，再往上每增加10万元，增加返利2000元，上不封顶。”

最终双方以100万元的目标量签订了代理合同，且合同条款规定：如徐老板完不成100万元的销售额，则只能享受80%的代理费。显然，完成100万元的目标，徐老板是很有把握的。

就这样通过一系列的技巧性谈判，整个云南区域代理商的合同目标额共计2300万元，如果再加上直销的几家商场，只要在执行中不出现大的失误或异常，宋经理完成2000万元的年度目标看来问题不大。

在谈判中，获得信息的一般手段是提问。为了解对方的想法和意图，必须十分机敏，利用各种方法和技巧去探知对手的需求。不同的谈判过程，获取信息的提问方式不同。我们必须有选择地、灵活地运用这一工具。

【实战要点】

提问是价格谈判中向客户提出问题，要求客户陈述或解释某个问题，以获得信息的语言沟通方式。设计精妙的提问不仅能获取所需的信息，而且还能促进双方的沟通。一般来说，设计试探性的问题可以从以下几个方面入手。

1. 重复对方话语的发问

重复对方的部分话语。在重复客户的话语后，有用的信息自然会出现。

供应商：“时间紧得不得了，我没有办法在周五交货。”

己方：“你没有办法在周五交货？”

供应商：“我们要先交另一批货。”

己方：“你们要先交另一批货？”

供应商：“你的货我们也在做，但是，如果我们能赶出另外一批货的话，就会有奖金。”

案例中，供应商一方肯定不愿我们这方知道，他们在赶另一批货，而赶另一批货的原因是有奖金。这样，通过重复对方的话进行提问，就有可能将原本对方想隐瞒的消息透露出来。很多心理学家就喜欢用这种软方法。他们知道只要一再用对方的话反问，对方就会慢慢地开口，无意之中会透露更多的消息。

2. 陈述式提问

太多的提问，会让友善的对话变得像审问，这时，转换陈述式提问就可以避免类似的情况。

陈述式提问就是用一种陈述的语气将自己的想法表达出来，然而事实上，其中却包含着一些提问。对方要接话的话，就必然要回答其中的提问。如果你运气不错，时间掌握得当，包装不露痕迹，一时之间，对方可能还不容易窥知你的真正想法。

比如有这样的一句话："我在想你会怎么反应我刚刚提出的建议。"其中就有这样的问题："不知道你觉得我刚刚提出的建议如何？"如果对方要接着往下说，他很大可能会把他的感受说出来。这样就不露痕迹地得到了自己想要的答案。而对这样的话语，对方一般也不会有很大的防备，因为它不是真正意义上的提问。

再如："我是觉得这个点子很有道理，可是对你来说，可能没什么意义。"这里面所包含的提问是："你觉得我这个点子如何？"不细心的人，只认为这是对方在表达他的感受，根本就不会发现这里面还藏着问题。但我们想想，如果要往下接话，应该说些什么呢？很自然就会说："我不会觉得没有意义，因为……"或者"我也觉得很有道理，你看……"这样，客户方就自然地把他的想法表达出来了。

针对信息点的直接提问是迅速得到答案的方法，它很有针对性，目标性也很强。但针对信息点的直接提问往往是有问有答，客户只会针对提问来回答问题，不能进一步扩大信息的获取面。另外，通过直接提问有时会显得太露骨，引起客户的戒备，有时客户为了隐瞒自己的信息，也可能提供虚假或不全面的答案，这样不利于我们掌握全面有效的信息。这时，迂回提问就可以派上大用场。不但在交谈中可以获得想要的信息，同时可以比较有效地避免对方故意隐瞒或扭曲事实。在平淡的对话中，取得自己所需的信息，也不会造成彼此情绪上的波折。

3. 以"什么"代替"为什么"

在问话中，要多用"什么"来代替"为什么"。因为，"为什么"是一个语气比较强烈的词。说出口后，在客户听来似乎有拷问、质问的味道，威慑力很强，客户就会极力防卫，容易使情势失控。下面就是这样的一例。

客户："这是我们最后的决定。"
己方："为什么？"
客户："为什么？因为我们已经拿定主意了。"

如果换作"什么"的问句，将会是另一种情景。

客户："这是我们最后的决定。"
己方："到底是什么理由，让您下定这样的决心呢？"
客户："理由是……我实在买不起。"
己方："在什么样的价格下，您才能够负担得起呢？"
客户："现在是负担不起，但是几周之后……"
己方："几周后，会有什么改变呢？"

以"什么"引导的问句，不仅向客户表明了自己的善意，还可以取得对方的一些信息，包括谈判难以进行下去的问题所在，为价格谈判继续进行下去打开了一扇大门。而"为什么"引导的问句只是让客户感觉到我们的咄咄逼人，最后他们运用最快、最有效的拒绝方法，直接把价格谈判的大门关得死死的。

报价要讲究技巧，别一下把客户吓走了

如果客户认为，价格是透明的，客户给的都是实打实的价格，所以，当客户问你价格时，认为你给出的价格也是不可更改的价格。他们因此会忽视报价、询价以及最后敲定价格的过程，这时，销售员的报价就简单很多。但如果你的客户是喜欢讨价还价的人，那么即使你先报价，也会陷于被动：报价过低，会损害公司的形象和利益。报价太高，一旦不符合客户的心理价位，

极有可能遭到客户的拒绝，甚至流失客户。因为客户会认为你是在漫天要价，没有诚信可言。所以，报价是销售中非常关键的一个环节，从某种程度上说，报价直接决定着交易的成败。

【实战案例】

电子公司的销售员王如在经过几次努力之后，终于拜访到了一位大客户。在经过一段时间的交谈后，客户对王如公司的产品很感兴趣。

客户："这款产品的外观不错，不知道性能怎么样？价格是多少钱？"

"无论是从外观还是质量，我们的设备都是非常不错的。您可以到我们公司来参观一下，实际考察一下这些设备的功能。至于价格，您考察后，如对产品满意了再说好不好？这周您有时间吗？明天如何？"王如问道。

客户："可以，那就明天吧。"

第二天，客户看过设备之后对产品很满意。

这时王如又向客户介绍："我们的产品曾经经过国际××组织连续9个月的实验性使用，最后确认产品完全符合国际标准。而且我们的售后服务也非常完善，只要有问题都可以给我们打电话，我们绝对不会应付了事。"

客户："哦，是吗？"（听到销售员这样说表现出了更大的兴趣）

"对。因为我们的设备质量好，所以价格会比较高。您看一下这是我们公司设备的价格一览表。"王如向客户展示了产品价格。

虽然王如销售的产品比其他同类产品的价格要高些，但是这位客户还是做出了成交决定。

王如之所以能将产品高价卖出，这与她巧妙报价有关：先给客户展示产品，让客户了解自己卖的是高质量的产品，一分钱一分货。客户认可了产品的质量，往往自然也就认可了价格。但是，假如王如先告知客户价格，然后再用产品的高质量说明价格，这时，客户可能会首先质疑价格，接下来就会质疑质量，不仅不会接受王如的出价，甚至还会导致交易的失败。所以，报价往往决定了销售利润的高低乃至一次交易的成败。

【实战要点】

销售员与客户之间的交易，往往是在讨价还价中实现的。所以，销售员不要怕与客户进行价格谈判，要做的就是训练自己的报价技巧，灵活应对，有方法地报价。一般来说，报价要注意以下几个方面。

1. 选对报价时机

如果销售员因为想要尽快促成交易而提前报价，那么就很有可能造成客户流失。而选择在销售工作进入成熟期时再做报价，就能在很大程度上避免这种情况的发生。销售员应多给客户一些有关产品的信息，并给予其正确的引导，使其逐渐了解到产品的优势和具体情况之后，待客户的购买热情逐渐高涨之后再报价。这样把客户的心抓住了，价格问题也就更容易谈妥了。

那么，何谓最佳时机呢？我们认为至少要具备以下三个条件。

（1）销售员对客户有了充分的了解。

（2）客户对产品有了深刻的认识。

（3）客户对产品产生了较大的购买热情。

2. 根据同类产品，进行价格的确切定位

当客户问你产品价格时，你开始时可以说："价格会受到多种可变因素的影响，我能不能问您几个问题，好帮您得到最合适的报价？"接着就提问，这些问题可以引导客户做出购买决定，同时也可以帮助你得到有关价格的确切定位。

在客户向你询价之前，你应该清楚他已经看了哪些产品。如果你知道竞争对手是谁，就会知道对方的报价。

3. 对客户有深刻的了解后再报价

首先需要对客户有个全面深刻的了解，也就是说，销售员要知道你在向什么人销售。比如说，客户公司的采购部门分为采购经理和采购主管，或者其他职位的人。虽然同属一个部门，但是由于决策权不同，在面对经理和主管时的报价就应有所不同。如果直接面对采购经理，销售员就可以报得低一些；如果面对的是采购主管，则价格报得要相应地高一些。因为按照正常流程，采购主管在得到报价后，要经过采购经理审核或再报价。当销售员没有找到主要决策人时，报价往往是无效的。所以，销售员必须对客户有一定了解之后，才宜做出决定，做到报价有的放矢。

4. 报价要给谈判留有余地

销售员在与客户谈判时，往往不知道对方的底价，所以，你不宜报出最

低价。因为任何一个客户都会针对产品的价格展开一番争论，对方谈判的目的就是降低产品的价格，即使你报的价格是合情合理的，对方也希望你做出让步。而在争论的过程中，销售员需要做出让步。因此，报价一定要给自己留有空间，以便应对可能出现的问题。

讲出价格明细，让客户接受高定价

用价格明细淡化价格的贵，是价格谈判中非常实用的一种方法，无论销售人员销售的是什么样的产品，都可以用价格细分的方法给客户算一笔账，让客户觉得物超所值，从而选择你的产品。

【实战案例】

当销售员小王向顾客说出价格时，这位中年妇女马上表示抗议："价格太贵了。"

"姐姐，您认为贵多少呢？"

顾客回答说："贵200元吧。"

这时，小王就在随身带的记录纸上写下"200元"。然后又问："姐姐，您认为这锅能使用多少年呢？"

"这么贵，一定是能用很久吧。"顾客说。

"那您确定想用5年、10年、20年吗？"

"这口锅经久耐用是没有问题的嘛。"顾客说。

"那么，以10年来算，对您来说，这口锅每年贵20元，是这样的吗？"

"嗯，是这样的。"

"假定每年是20元，那每个月是多少钱呢？"小王边说边在纸上写下了算式。

"如果那样的话，每月就是1元7毛5分钱。"

“是的。可您一天要做几顿饭呢？”

“一天要做两三回吧。”顾客回答。

“好，一天只按两回算，那您家中1个月就要做60次饭！如果这样，即使这套极好的锅每月平均贵上1元7毛5分钱，和市场上卖的质量最好的成套锅相比，做一次饭也贵不了3分，这样算就不算太贵了。”小王一边说一边把数字写在纸上，并让顾客参与计算。在计算的过程中让顾客不知不觉地摒弃“太贵了”这个理由，最终促成购买。

从心理学的角度来说，每一个人对较小的事物更容易做出决定，也就是说，当一个人面对的是一个较小的决定时，他一般更容易做出肯定的反应。细分法的口才技巧正是基于这一思想，使客户产生一种数字上的错觉，在客户更容易接受的时候巧妙地促成交易。

【实战要点】

在现实价格谈判中，如何用价格明细淡化价格呢？下面几种方法可以借鉴。

1. 将价格化整为零

将价格化整为零主要是把客户无法接受的高价位，分解成不同细目的、客户心理上可以接受的价位。

“您刚听到这个价格觉得太贵了，不能接受，可是这个价格还包含运送费、安装调试费、测试费，其实产品本身的价格并没有那么高……”

2. 帮客户算一笔账

可以帮助客户算一笔账，做个减法或者除法，就可以得出客户的花费其实并不多的结论。在总价不变的情况下，引导客户购买产品。

“我们的产品价位看起来是高了点，不过无论是品牌还是做工，以及技术含量在同行业里都是领先的。同样是汽车，“大众”总是无法跟“奔驰”比，而且像您这种身份地位的人士，也只有这样的产品才配得上您的气质。”

价格是决定交易成败的最后环节，也是不可忽视的一个重要环节。而解决价格异议最好的办法就是用价格明细淡化价格的“贵”，并且告诉客户你的产品能给客户带来什么样的好处，客户心中的壁垒被打开了，成交就是唾手可得的事情。

让价应该这样说，客户就能接受你

古人说："将欲取之，必先予之。"军事上，这是一种暂时让步，等待进攻的战术。进是目的，退是手段。退是为了更好地进，"予"是为了更好地收获。价格谈判是一项互惠合作的事业，同样应该强调退与进、予与取的结合。要想在报价的时候，谈判对手向你做出让步，满足你的要求，你也必须向对方做出一些让步，满足他的要求。在销售过程中，特别是客户讨价还价的时候，我们要有良好的应变能力，要知道客户的需求是多方面的，他们的满足点也是多方面的。作为一个深谙口才技巧的销售人员，你应当善于规避主要问题，在次要问题上做一些让步，让客户感到满足，从而达成交易。

【实战案例】

吴兵是家电城的销售人员。有一次，一位客户看中了一套音响，却一直坚持自己提出的价格，坚决不让步。吴兵看出来对方绝对有购买的欲望和冲动，之所以没有产生购买行动，只是希望在价格上享受一定的优惠。可是，这套音响进价是3800元，标价是7800元，除去其他成本，至少也要7500元，标价7800元已经够低的了，再往下降，最多降300元，但客户未必能接受这个降价幅度，否则就会做赔本买卖。可是要想达成交易，就必须给予对方一定的满足，最好是让对方感到受到了不同的待遇和享受到了优惠。怎么办呢？

"你们卖7800元，这也太贵了，你把价钱再往下降一点。"对方在这个时候主动说道。

吴兵说道："但您既然开口了，我给您让20元吧。"

对方说："20元？7800元的交易让20元？太少了吧。你多让一点，我还会购买其他的东西，至少我还要几个稍微好一点的话筒。”

吴兵听了心中窃喜，已经知道了应该怎样去有效地解决这个问题。他顺着对方的话语，装作有些为难的样子说道：“先生，真的不好意思！您所看中的那套音响的价钱已经难以往下降了。您不是还要买话筒吗？如果变换一下方式，音响就 7800 元，我在话筒方面多给您一些优惠，您觉得这样好不好呢？”

最终，客户满意地带着音响和话筒离开了。

吴兵在极小的让价空间下，让客户买走了音箱，完全是让价语言技巧合理运用的结果。所以，在讨价还价的过程中，客户能否接受你的价格，关键看你怎么说。

【实战要点】

一般来说，报价后，不论你出价多少，客户都会做出自己的出价。所以，口才好的销售员出价往往会高一些，给客户留下砍价空间。那么，如何对客户让价呢？你可以尝试以下的方式。

1. 一点点地让

针对某个谈判条件，一点一点地施加压力，促使对方一点一点地改善应允的交易条件。国外称其为“切香肠”。在运用的时候应该是以说理为主，让对方认可自己的理由。另外是我们一定要有耐心，说理的步骤和时间都要安排充分。最后是态度一定要友好，因为我们是以说理为主导的，因此我们可以心安理得地让对方在平静中反省自己的条件是否太苛刻了。

2. 有条件地让价

顾名思义，它要求我们在价格谈判中坚持你要我让一步我也要你让一个条件的原则，环环相扣，螺旋式地完成协议的签订。连环策略一定要保证互换条件的做法，否则就是一种失败。在坚持互换条件的时候，我们绝不能白白出让任何一个条件，而没有得到任何回报。在运用这一策略的时候，我们要尽量争取以小换大，至少也要旗鼓相当。

3. 不轻易放过小利益

我们在价格谈判中要斤斤计较，就是鸡毛蒜皮的小利益也不能轻易放过。在运用这一策略的时候，不论大小都要大肆渲染它的重要性，声称我们绝不放弃，这样做的好处是可以消耗对手的锐气。但我们也应该注意到即使我们“小气”也要有“小气”的道理。这种方法在对方“装大方”的时候最为有效。

4. 坚持自己，步步为营

在价格谈判中就是针对各个条文或价格，采用坚持自己、一步一战的做法，步步推进，这样既是有效的进攻，也是最好的防守。在运用的时候，要求你必须把道理讲清楚、讲详尽，慢慢地消磨对手，让其后退，让出自己的利益。

巧用价格反悔话术，让商品提价成交

当你知道买主想做成这笔买卖，但他们想利用砍价让商品更便宜而没完没了地让你降价的时候，你需要有一个结束讨价还价的有效方法——反悔。反悔的目的是让商品以更高价成交。但是，销售员的价格反悔，不是毫无理由地坐地起价和耍无赖，而是通过语言技巧，让商品在无形中提价。

【实战案例】

慧慧做批发小饰物生意，某次上门推销时，有个批发商给出每件饰物 1.60 元的价格，但慧慧要求的价格是每件 1.80 元。谈来谈去最后慧慧同意 1.72 元成交。但是客户说：“看呀，生意现在真的不好做，除非你能降到 1.71 元的价格，否则我不会批发你的东西。”

慧慧知道，这个客户只不过是想更便宜一点。为了阻止他软磨硬泡，慧慧说：“我没把握是不是能这么做，但跟您说吧，如果我能够，我会同意的。”

“我回去看看，我们重新考虑考虑，看看行不行。明天我再回来找您。”慧慧说。

第二天慧慧回来了，而且假装要收回自己前一天做出的让步。她对客户说："我真的不好意思，我们整晚上都在重新计算这些货的价格，中间有某个环节出了错。原材料的价格已经上涨了，评估人员没有计算进去。我知道我们昨天说的是1.72元，但我们连这个价格也不能给您了。1.73元是我们可能给您的最低价格。"

客户一听生气了，说："嘿，等一等，昨天我们谈的是1.72元，1.72元我能接受。"买主立刻就忘了1.71元。反悔的策略阻止了买主的软磨硬泡。

在报价对方不能接受的时候，我们可以向慧慧一样进行价格反悔。但是，这样的价格反悔，只能出现在讨价还价的初期，要是销售员与客户已经确定了价格，不管销售员的口才有多好，都不能采用价格反悔的策略了，否则，就是不讲信用了。

【实战要点】

利用价格反悔策略可以反悔你答应的价格。下面是四个例子。

"我知道现在我们正在商量免去安装费用的问题，但是现在我们的人告诉我，以这个价格我们无法办到。"

"我知道我们正在讨论包括运费在内的价格问题，但我的统计人员告诉我说，以这样低的价格，我们简直是在发疯。"

"我知道你们提出60天的付款期限，但以这个价格我们要求在30天内付款。"

"是的，我告诉过你，我们愿意减免给你们进行人员培训的费用，但是我们的人说以这样低的价格我们只好收费。"

不要在大事情上动手脚，因为这会真的激怒买主。反悔是场赌博，但它可以迫使买家做出决定，通常的情况是，要么买卖成交，要么谈判破裂。

口才提升与实战训练

1. 口才拓展训练

道具：桌子，椅子，一些白纸，几支笔。

参加人数：4 人以上，最好为单数。

方法与规则：

（1）训练组织者将训练参与者分成两组，A 组和 B 组，以 4 人训练为例，A 组成员为 A1 和 A2，B 组成员为 B1 和 B2，要求数字编号为 1 的训练参加者使用生硬的语言，编号为 2 的使用弹性的语言，即 A1 和 B1 说话时要用生硬的语言，而 A2 和 B2 说话时要用弹性、委婉的语言。注：互相之间不知道其他人使用什么语言。

（2）准备时间为 20 分钟，任何话题都可以，但需要有一定的争议性。

（3）首先 A1 与 B2 进行交谈，A2 与 B1 进行交谈，10 分钟后互换。即 A1 与 B1 进行交谈，A2 与 B2 进行交谈。时间依然为 10 分钟。

（4）交谈完毕后，每组自行讨论，认为对方说话的语气对自己的心情有什么影响，并写下来，交到训练组织者手中，训练组织者根据这些找到对其他人影响最大的一个人，他为这次训练的获胜者。

目的：体会弹性语言和生硬语言对于谈判气氛和双方心情及表现的影响。

2. 口才情境分析

甲、乙两个公司对具体的买卖合同进行谈判，当进行到价格谈判时，双方出现了分歧。

“总价绝对不能低于 240 万元。”卖方主谈生硬地说。

“很抱歉，您的报价已经超出了我们的承受能力。”买方主谈表示。

卖方主谈沉默，等着买方再次开口。

“您看，能不能再低一点？”买方主谈看到对方的表现说。

“如果价格低于235万元的话，我们只能改变原料来降低成本了。”卖方的另一位代表做出了妥协。

买方主谈沉思了一会儿说：“我们讨论一下回答你们。”

说完，买方代表们低声讨论起来，10分钟后，买方说：

“我们同意235万元的价格，不过只能先付30%的款项，货到之后，10天之内全部付清。”

卖方表示同意，双方拟定了合同，并签字。

请问，例子中哪些语言属于弹性语言，哪些语言属于直白的语言，这些语言都起到了什么作用？

参考答案

“超出我们的承受能力”，“如果低于235万元的话，我们只能改变原料来降低成本了”，都是弹性语言。这两句话都没有直接反驳对方，而是从自己的角度出发，让对方想象。两句话都防止了争执，使对方做出妥协。“总价绝对不能低于240万元”属于直白、生硬的语言，这样的语言，有时在谈判中可以起到一些作用，但在例子中如果卖方的另一位谈判代表不用弹性语言打破僵局的话，可能会造成谈判的破裂，不利于合作。

3. 口才实战训练思考

在一次商务谈判中，如果你是卖方主谈，类似于情景案例中的“总价绝对不能低于240万元”之类的话已经说出口，谈判气氛变得很紧张，而你又没有一位能救场的助手，你打算怎么做呢？

参考答案

使用“如果……”“那么我们可以……”等弹性语言来继续价格谈判，但主动权一定要掌握在自己手中，也不要推翻自己前面的话，让对方感觉，降价可以，但是有条件。

第9辑 用好电话与即时通信，不见面也能拿订单

与客户除了面对面沟通外，还能通过微信语音、视频电话等进行跨空间沟通。用这些即时通信沟通，能极大地降低沟通成本，也十分便捷、有效。当下发达的网络系统，使得网上洽谈、网上销售成为非常普遍的现象，作为销售员一定要掌握即时通信沟通的技巧。

给客户打电话，先掌握电话沟通基本流程

利用电话从事销售活动，就要给客户打电话，这对客户来说，具有一定的骚扰性，所以被很多人所排斥，往往只要听到是销售电话，就会挂断。在接通客户电话时，如何引导客户继续和你谈下去成为打电话成功的关键。所以，给客户打电话不能随意，而是要按照一定的程序进行，因为合理的打电话程序能有效地抓住客户的心理，从而让客户愿意和你谈下去。

【实战案例】

没有经验的电话销售员章文铭现在正紧张地拿起电话说："您好！丁先生吗？我姓章，名叫章文铭，是正飞公司的业务代表。像您这样的成功人士，我想向您介绍……"

这时电话里只听丁先生直率地说道："真的不好意思，章先生。你过奖了，我很忙，对于你刚说的真的不感兴趣。"说着就挂断了电话。

章文铭放下电话，又不得不硬着头皮按下了另一个号码，就这样又打了半个小时。但是每次所得到的结果都是一样的，还没有和客户说上几句，电话就被客户挂断了。

这时孙经理问他："小章，你知道和客人谈不上正题的原因是什么吗？"

章文铭没有说话。

孙经理看见他一声不吭，便说道："你要注意打电话的流程。应该首先向对方说清楚此次打电话的目的，或者是为会面而打电话的。其次，恭维人的话讲得未免也太夸张了。最后，电话是为了方便约见客户而为我们提供的一个很重要的平台，要想向客户很详细地介绍产品，只有双方见面是最好的方式，因为有的事情三言两语在电话里面是说不清楚的。就算客户最后决定买，

难道在电话里把支票给你吗？”

孙经理说完后便亲自动手示范给章文铭看。

孙经理随即拨通了一个客户的电话：“金先生？您好！我姓孙。虽然我们素未谋面，但是可以耽误您几分钟的时间和您谈谈吗？”说到这里只见孙经理有意地停顿了一下，等待对方理解了说话内容并做出反应。

金先生说：“不好意思，我现在正在开会！”

孙经理马上说：“那我一小时后再给您打电话好吗？”

金先生：“好的。”

孙经理对章文铭说，主动挂断电话与被动挂断电话的感受完全是不一样的。在电话销售中尽可能主动挂断电话，这样你就可以减少失败感。

一个小时慢慢地过去了，孙经理再次拨通了电话说：“金先生，您好！我姓孙。之前给您打过电话的，您叫我一小时后来电话……”（这样的开头不仅营造了熟悉的气氛而且还拉近了彼此间的距离）

“你是做什么生意的？”

“我是正飞公司的业务经理，专门为客户设计一些关于财经投资的计划……”

金先生开玩笑地说道：“原来是教人赌博，专搞欺骗的啊？”说完两人都哈哈大笑了起来。

孙经理说：“当然不是这样的啊！只是见见面，当然不可能立刻把生意做成。但还是看过资料后印象会比较深刻一点，如果今后有什么需要我们服务的地方，千万不要把我忘了啊！”

金先生笑了笑，没说什么。

孙经理接着问：“这两天我工作的地方离您比较近，不知是否有幸约您见上一面，您看明天可以吗？”

“好的，那就明天吧。”

“谢谢。金先生，那我们约在上午还是下午呢？”

“那就下午4点吧。”金先生回答。

“好的！那就明天下午4点钟见！”孙经理说。

不可否认，给客户打电话，运气很重要，遇到有需求的客户，电话沟通会比较简单、顺畅。但是，一次成功的电话销售一定要符合基本流程，流程对了，打电话也就顺利了，所以，往往是同一家公司的电话销售，不同的人拨出的电话所起的效果也是截然不同的。销售员熟练地掌握电话销售基本流程是非常重要的，只有这样才会得到客户的认可和接受。

【实战要点】

给客户打电话沟通交流不同于面对面，客户会很容易拒绝你，所以，你句句话语都要抓住客户的神经，让客户不挂你的电话。因此给客户打电话一定要精心准备，按照设计好的流程去做。

电话销售一般分为以下几步。

1. 策划

首先要充分地了解有关客户的资料，同时还要准备好打电话的脚本。随时保持一个精神饱满的状态。

2. 绕障碍

在没有打电话之前我们肯定会准备许许多多相关的资料，但是这些资料往往只有客户的姓名以及联系方式，那么当你打电话过去的时候怎么样才能够准确无误地把电话转接给你想要找的人呢？这时就需要进行自我介绍，说明打电话的原因，慢慢地探听对方到底是不是你想要找的人。

3. 开场白

假设我们现在已经拨通了电话与客户取得了联系，那么这时就进入了电话销售的重要阶段，到底进行怎样的产品介绍才能够引起客户的兴趣，关键就在于如何有一个精彩的开场白，在这开场的前 30 秒中，我们的任务就是引起对方的注意并让他们愿意继续听下去。

开场白的基本原则：能够得到客户的认同并购买我们的产品。应该适当地运用竞争对手的信息，变不利为有利。

4. 需求确认

一是产品介绍。在开场白过后我们便进入正题，接着就是进行产品的介绍。在产品介绍时，我们一般都会从产品的外形、功能、优势等方面叙述。但是最重要的一点就是此产品能够给消费者带来怎样的利益，这才是他们真正关心的问题。

二是学会倾听。在我们与客户交流的过程中，要专心地倾听客户的诉说。在倾听的过程中了解客户需要的究竟是什么。有些销售人员虽然说得头头是道，但是始终没有打动客户，为什么呢？其实原因很简单，因为他说的东西不符合客户的利益，不是客户真正所需要的东西。所以，得多提问，耐心倾听，根据客户的需要进行介绍才是真正有效的。

三是养成边听边记的好习惯。把客户的需求、谈话的内容认真地记录下来然后做总结，找出问题所在。在打完一个电话时，千万不要忙着打下一个电话，应花一点时间，总结上一个电话的经验。

5. 异议处理

在与客户交流的时候，我们经常会面对客户提出的各种各样的问题，一个成功的销售人员会将不利因素转化为有利因素，这不仅需要对产品有深刻的了解而且还需要掌握一定的技巧。面对客户提出的各种各样的异议，我们在处理的时候一切都要以消费者的利益为出发点进行解释。

当销售人员向客户介绍完产品之后，客户往往会提出一些质疑或者是疑问，在此过程中，销售人员可能无法接受客户的要求和态度，从而导致客户在行为举止方面可能有些过分的地方。销售人员要学会克制自己的情绪。

商场如战场，要想在激烈的竞争中立于不败之地，我们就需要充分了解对手的动向，如产品的研发、价格，销售的策略等等这些都是需要我们密切关注的事情。从而采取相关的销售策略，赶在对手之前做好市场的调研工作。了解业界发展的潮流，结合自身产品的特点，勇于创新。做生活的有心人，使自己的思维更加活跃，生活更加丰富，只有做到知己知彼，才有可能百战不殆。

注意电话沟通细节，来一场完美的隔空交流

有的销售人员自认为能说会道，觉得与客户沟通不会存在困难。可是，当真正与客户电话沟通时，总是刚说没几句便被客户挂断了电话。最终，自

己还弄不明白原因，甚至自以为是地认为是客户没有需求。其实不然，因为电话沟通中，不仅要注意上面所说的要按照基本流程进行，还有很多重要的细节需要注意。

【实战案例】

一天，在某网络推广公司做销售的李华正在整理上次参加信息博览会时收集到的名片，从中他发现了一位潜在的目标客户，便拿起电话给对方打了过去。（专业展会上收集的名片，往往是最合适的潜在客户来源）

客户："喂，哪位？"

李华："胡总您好！好久没有联系您，真不好意思。"（与客户仅仅一面之缘，却表现出和对方很熟络的样子，让对方一头雾水，甚至产生反感）

客户："请问你是？"

李华："胡总，您可真是贵人多忘事啊，连我的声音都听不出来了，我是小李！"（"贵人多忘事"在当今的人际沟通中常带有贬义）

客户："小李？哪个小李？"（要报出自己的整个姓名，不能只说姓氏或只说名字，尤其是和不熟悉的客户）

李华："××网络推广公司的，上次我们在××信息博览会上见过。"

客户："哦，你有什么事吗？"

李华："是这样，我们公司是一家专业的网络推广公司，曾经为××、××、×××等国内外著名的公司服务过，并且都收到了良好的效果。贵公司是新能源领域的新兴企业，一定期望获得大众的关注和认可，我们公司可以为您的企业提供一个广阔的宣传平台，能让更多的人了解你们的企业和产品，不知道您对我们的产品是否有兴趣？"

客户："我们目前不需要网络推广，等需要的时候我再联系你吧。"说完便挂了电话。（想通过一次电话沟通就把产品销售出去是不现实的，销售人员最好将详细介绍和促成购买放在面谈中进行）

在与客户电话沟通的过程中，很多销售人员会犯下一些低级错误而又不自知自省。比如上面案例中的销售员李华，在简短的通话过程中就犯有两大错误。李华第一次打电话给客户，却使用了"好久没有联系您，真不好意思""连我的声音都听不出来了"等表示和对方非常熟悉的语言，而这些语言对陌生的客户来说会令其感觉到肉麻和假惺惺。此外，李华说对方“贵人多忘事”，这句话也会让客户感觉不舒服。销售人员寄希望于一通电话就把产品销售出去是不现实的，因为在电话中陈述远不如面谈更有效。李华被拒绝就是例证。因此，销售人员一定要明确自己打电话的目的是争取与客户面谈的机会，而不是进行电话销售。

【实战要点】

电话沟通中的一些小细节往往会决定沟通的成败。销售人员要想与客户有良好的电话沟通，必须注意以下一些细节。

1. 打电话给客户，必须尊重客户的时间

给客户打电话时要尽量尊重客户的时间，避开客户工作电话的高峰和客户忙碌的时段。

（1）节假日刚结束，恢复上班的第一天，如周一、长假后的第一天。由于节假日会堆积很多工作，所以这一天往往有很多事务需要处理，无暇顾及推销电话。

（2）每个工作日上午 10 点之前，这一时段往往是每天工作最忙的时候。

（3）中午吃饭时段，一般为 11：30 ～ 13：30。

2. 千万不要说错客户的姓名和公司名称

说错客户的姓名和公司名称是非常失礼的行为，会给客户留下不认真、不严谨的印象，进而影响销售的进程。所以，打电话之前，销售人员一定要弄清楚客户的姓名和公司名称，最好将它们大声诵记三遍，当然也不能在打电话时因为紧张而说错。

3. 完整地报出自己的姓名和公司名称

与客户电话沟通，销售人员应该完整地报出自己公司的名称和自己的姓名，必要时也可以加上自己的职务。有的销售人员喜欢说公司的简称，这种做法是错误的。假如你的公司和其他公司的名称有些近似，就可能会让客户误认为是别家公司。另外，即使你和客户已经认识，也不要使用“小张”或“小王”等来称呼自己，以免被客户误认为是他熟悉的其他人。

4. 电话内容要简短，声音要柔和

我们不知道别人有多忙，甚至认为施压给他人理所当然，这是不对的。千万不要浪费别人的时间。打电话时，要保持语气柔和、轻松，并尽可能用

最短的时间表达你的意思，然后结束。如果你遵循这个原则来打电话，别人会很乐意在办公室里接听你的电话。

5. 注意听对方在说些什么

当你接听电话时，不要同时看其他报纸，或是阅读放在桌上的报告，否则你会错失重要的谈话内容。对方也许已注意到你的兴致不高，他也不知道该怎么办。这样一来，谈话时间就会拉长，比原计划长了很多。要注意保持轻松，有适当的间歇，这样电话就会很快结束，当然结果也就能称心如意。

6. 说话清晰明了

不要兜圈绕弯，要把你的意思直接传达给对方。

7. 用你正常的声音说话

避免声音过高或过低，使用正常的语速，不要过快或过慢。同时适当地改变语调会取得最佳效果，既能表达重点，也能增添话语的感情色彩与活力，同时有助于对方了解你的意图。

8. 对客户要自始至终保持应有的尊重

在电话预约客户的整个过程中，销售人员必须对客户保持正确的态度，或坐或站都应端正，不能边抽烟、喝水或嚼口香糖，边说话，因为任何不尊重的态度都会在电话交谈中露出痕迹。谈话过程中，应多使用“请”“谢谢”等敬语和谦语；谈话结束后，应该等客户挂了电话后再放下电话。即使没有约访成功，也要保持应有的礼貌，不能表现出丝毫的不满。

平等对话显自信，轻松搞定电话邀约

我们已经知道，电话销售就是销售人员与客户之间的心理博弈，电话邀约无疑是其中较为典型的一种。要想在这场博弈中获胜，保持一种良好的心态是必不可少的。而获得良好心态的前提就在于身份的定位，即把自己的地位放到与客户平等的位置上。

【实战案例】

电话销售："您好，杨医生。我是人寿保险公司的小敏，我们现在正在进行一项针对产科医生的计划，您今晚值班，是吗？"

客户："是的。"

电话销售："医生是一项崇高的职业，我非常敬佩和尊重你们。不知今天晚上我可否去拜访您，讨论一下我们将要给您提供的产品。"

客户："不用了，你的意思我理解。我一想到我生前投资的钱死后才能拿到，心里就有点难受。而且这么晚了，我又在值班。"

电话销售："没关系，多晚都没关系，我可以陪您值班。况且我们只是见见面而已。买不买保险那是另外的事。"

电话销售："刚才您说生前投保死后享用，假如您这样理解，那当然心里不好受了。事实上，保险并不只在人死之后提供补偿，它还可以在您退休之后为您提供生活保障，而且，您从保险中获得的回报要远高于您的付出。"

电话销售："有一天，您退休了，病人们有义务为您提供退休金吗？没有吧？怎么办呢？最好的方式就是将现在收入的一部分用来确保将来的生活。"

电话销售："打个不恰当的比方，如果您没存到足够的钱就不幸去世了，您的家人怎么办呢？如果您投了保，保险公司就可以为您照顾您的家人。保险是一个独特的财务工具，您健康长寿，它可以提供养老金；在您百岁之后，它可以为您的家人提供生活保障。"

电话销售："您是夜班，我10点赶到可以吗。顺便陪您聊聊？"

客户："那好吧，我在医院等你。"

很多电话销售员，尤其是新入行的销售人员，常常在给客户打电话时抱着一种有求于人的心态，这是一种非常错误的心态。事实上，在约见客户时，太过客气甚至是卑躬屈膝的态度反而更容易被对方拒绝。因为这样的态度会让客户在无形中降低其对电话销售员的信任，甚至会怀疑电话销售员是否另有所图，或者直接怀疑到产品本身的质量。

【实战要点】

要想在电话里成功邀约客户，就要在与客户的沟通中保持一种不卑不亢的态度，用真诚的言辞向客户发出邀约。

低人一等的不良心态对于电话邀约的害处显而易见。有鉴于此，我们应当极力摒弃自己的不良心态。这样才能成功实现电话邀约。我们可以试着从以下几方面着手。

1. 约见客户时要自信

很多时候，客户往往会认为，一个电话销售员之所以没有自信，或许是因为他根本不信任自己的产品。因此，当电话销售员在电话这端放低姿态、卑躬屈膝地请求客户的约见时，客户总是会一口拒绝。所以，电话销售员在约见客户时首先要有一个自信的态度，对自己的产品要充满信心。比如，下面的话就能充分显示出一名电话销售员的自信。

“近 10 年来，我们的咨询服务已经帮助近百家企业实现了利润翻番。我们认为，您的公司也能够在我们的帮助下创造同样的奇迹，就看您有没有这样的兴趣。那么，您愿意抽出一点时间和我面谈一下吗？”

2. 保持热情

我们曾不止一次地强调热情对于电话销售员的重要性，在电话邀约时仍然要强调这一问题。充满热情的声音，是让电话另一端的客户感受到你真诚的重要方式。如果你在电话邀约过程中能始终保持热情的态度，就能感染对方，引导其最终做出有利于你的决定。

3. 不妨欲擒故纵

对客户过分客气，只会助长对方的心理优势，让他以居高临下的姿态审视你。要想在电话里成功约见客户，一定不能过分客气。有时候，适时地使用一些心理战术反而能够达到良好的效果。如销售精英们最常用的欲擒故纵之法。你可以这样说：“如果您不愿意花上几分钟的时间见我，让我为您演示我们的产品，您就会失去一个能够让贵公司的利润在短期内提升 15% 的机会，那真是太可惜了。既然这样，我就不打扰了，希望以后有机会与您合作。”

值得一提的是，在使用欲擒故纵这一技巧时，电话销售员需要格外注意自己的表述方式，即语气和语调的配合。这一点至关重要。要知道，凡事过犹不及，如果说得不得当，很可能会激怒客户，导致彻底失去与其合作的机会。

4. 从客户的角度出发

作为销售业从业者，应当在任何时候都把客户摆在第一位，即任何考虑都应首先站在客户的角度。在与客户约定会面时间时，电话销售员也要从客户的角度出发，你所划出的时间范围一定要是对方最可能接受的，千万不要以自己的方便为准。

这样一来，客户才会觉得自己掌握着主动权，觉得这是他自己做出的选择，而不是你强加给他的。如下面例子就有强迫客户的意味。

“我是明天去拜访您呢，还是后天去拜访您呢？”

而采用下面的话术则会好得多。

“我去拜访您一下吧，您看您是明天上午方便呢，还是下午方便呢？”

“陈女士，您是今天有时间还是明天有时间？我们好派人到您家亲自检查一下门窗的安全问题。”

突破电话壁垒，才能找到真正的客户

给客户打电话，很多时候，接通电话的往往是秘书或者是前台，当我们一提到“销售”，他们就会习惯性地挂断电话，给我们的销售工作带来麻烦，这些人是我们与客户通话的屏障。因为真正能决策是否购买、能承担购买责任的是对方的负责人，只有找到负责人，才算是沟通的开始，在电话沟通中，尤其是初次沟通，找到你真正的客户才是关键。所以，遇到这样的屏障，我们要在语言技巧上略施小计，这样才有可能顺利跨过这个屏障，找到真正的客户。

【实战案例】

像往常一样，业务员杨顺早早地到了公司，准备好自己的吃饭家伙：笔、白纸、笔记本、预期话术、对方资料、产品简介、客户联络电话，准备工作。（做好前期准备工作）

看看时间快10点了，杨顺拿起电话，拨号。

“你好！××公司！”对方传来专业的女声。（从中可以马上判断出对方为前台文员，得先想办法过这一关）

“您好！我是××公司杨顺！麻烦您帮我转下工程部！”杨顺非常客气地说道。（这句话一定要说得理直气壮，千万不能躲躲闪闪地令人感觉不自信）

“你是哪里？找谁？我们没有工程部！”对方突然抬高声音，不客气地回复了杨顺。（电话销售开始疯狂流行，前台这样的态度是可以谅解的。有时她们一天要接至少几十个无聊的电话，所以，一定要在短时间内取得对方的信任，得到确切的拜访人信息）

“哦！那么请问贵公司办公用品的采购一般是哪个部门负责？”（超出预料之外的回答，及时改变对话策略）

“我们这没有采购部，也没有工程部，只有后勤部。”没等杨顺回答，对方挂断了电话。

到这里，这通电话是失败的。或许很多人会选择放弃这个客户。然而，杨顺却从中了解到了机会：前台很难通过，证明竞争少；前台告诉了一个重要信息，他们公司有后勤部。

按了重拨键。“你好！××公司！”还是那位女声。

“帮我转下后勤部！谢谢！”杨顺用地方话说道。（因为2分钟前刚打过电话进去，以防被前台发现而挂断电话，所以选择换种方言，另外非常自信的简短的要求，反而容易消除对方的警惕心）

听到了转机的声音，杨顺知道第一关过了。

“喂！”电话通了，里面传来一个轻快的中年男性的声音。杨顺心里高兴，看来今天运气不错。

“您好！我找张经理！”（随便说的姓，因为杨顺一无所知）

“嗯？我们这没有什么张经理！你打错了吧？”

“啊！不会啊，是说××公司后勤部的张经理啊？你们这是××公司后勤部么？”杨顺开始装糊涂。

“没错！我们这只有个陈主任。”杨顺打心底感谢这位先生。(第二关过了，即使被挂了电话，下次还是有机会)

“哦！不会是我朋友搞错了名字了吧？这个糊涂蛋！先生，要不我就找陈主任。麻烦帮我转一下，谢谢！”(杨顺找个小借口免除了尴尬，顺带转入正题)

“哦，等下，我喊下！”就听见对方在房间里大吼，“老陈有人找！”

在电话销售中，销售人员常会被挡在与决策者进行实质接触的大门之外，在这里你必须掌握一些语言诀窍，利用人性和心理学，增加突破的机会，获得与决策者通电话的机会。

【实战要点】

众所周知，非决策者无法对你所提供的产品和服务做出购买的决定，所以电话销售最重要的第一步是找到真正的购买者。能作决策的购买者往往是公司或企业的高层或负责人。在找到他们之前，电话往往被对方的秘书或接线员挡住。所以，学会如何在短时间内突破这些接线员与秘书的挡驾将是一个重要的环节。

那么，销售人员究竟该如何去顺利突破这些屏障呢？要熟练掌握以下法则。

1. 恳求帮助法

每个人内心深处都有帮助他人的意愿，所以突破秘书关的第一个方法就是帮助法则。

“小姐，您好！我有急事需要马上跟赵总商讨一下，您可不可以帮我把电话直接转给赵总？”提出这个愿望，同时你说的话又非常有礼貌，对方就很难拒绝。

电话销售最大的特点是通话的双方在电话线的两端，看不到对方的反应，所以你的声音和语气将决定对方对你的印象。如果想让对方听下去，就要给对方一个良好的印象，进而为自己塑造一个良好的电话形象。

在与秘书进行沟通时，要很尊重他们。而尊重的语气，首先表现在礼貌的寒暄、言语的适当停顿和聆听秘书的反应上。如果你没有礼貌的称呼，语言唐突，术语太多，不顾对方反应，令对方不得要领，这样不仅导致秘书对你的第一印象欠佳，还会给人一种受电话骚扰的感觉。

有时你也可以这样说："您好，我是A公司的（这种简称的自我介绍，听上去要亲切得多），有个样品介绍单，我们想给总经理发个电子邮件，您知道总经理的电话吧？我想记一下。"

这个介绍单的真假无关紧要，关键是，这是一个很好的试探，给双方都留有谈话的余地，礼貌地回避了那些引人反感的话语。因为清楚明了，顺情合理，你就很容易得到接线员的认可。

2. 妙用私事法

"我找李总。"

"请问你找李总有什么事情？"

"我跟李总之间有些个人私事，我想您一定不太方便替总裁处理他的私事吧？"

"好吧，我帮你转进去。"

一般的秘书在私事问题上害怕涉及总裁的隐私，万一处理不好就要被炒鱿鱼，因此就会马上给你转进去。不过，你讲话的语言、声音要让他感觉到你跟总裁之间有私事、私交。

3. 我是 ×× 先生的朋友

"我找 ×× 先生。"秘书就会认为，可能 ×× 先生是你的好朋友，直接叫他的名字，她就把电话转了。其实你与他的老总可能并不相识，但让秘书感觉到你们是老朋友、老同事、老关系、老业务、老团队的成员，而让秘书觉得无法拒绝你，因为你太亲切、太熟悉了。假如今天你想与客户建立一种良好关系的话，有时不妨说："喂，我跟你们老王是老朋友了……只是没有见过面而已。"那就是"神交已久"，精神的交往已久，只是没见过面罢了。

4. 有时应直截了当

直截了当法则有个技巧，就是销售人员必须有非常强烈的自信心。打电话时提高声音说："喂，找一下老王。""喂，找一下李总。"那样，你给对方的感觉你是高高在上的。销售人员在运用电话为公司开拓业务的时候，如果能培养出打电话的自信心，打电话时有非常贴切的尺度、贴切的分寸、有效的空间，就能给客户带来良好的印象。

5. 善用引导法

在绕障碍时，有些销售人员不懂得引导秘书。比如：“请问采购部的电话您知不知道？”或者问：“我可不可以找一下你们的经理？”能不能用这样的语气问呢？不能。因为没有引导性。

销售人员要养成一个习惯，不要用这种问法。应该说：“您知道供应科的电话吧？我记一下。”引导他默认“是”，然后告诉你。

“麻烦您，请您叫一声经理好吗？谢谢您。”引导他默认“好”，然后告诉你。

再对比下面的两句话：“这周再吸收 5 个会员行不行？”与“这周再吸收 5 个会员有没有信心？”很明显，后一种问法更能得到肯定的回答。

销售人员不要去引导秘书说“不行”“不可以”“没有时间”“不可能”。如果你拿起电话对秘书说：“供应科的电话您可能不知道吧？”他肯定会说：“嗯，不知道。”那你还怎么绕障碍？

所以销售人员在选择语气时，要学会把秘书向你所希望的方向引导。也就是说，只有给秘书一个很便利的回答方式，你才能得到你想要的肯定的回答。

目前，很多人被销售员的电话所困扰，甚至产生厌烦心理。所以，对于电话销售员来说，要想直接与真正的领导者电话联系并不是一件容易的事情。但是，只要肯用心，成功的大门就会为你打开。

与客户通电话，前十几秒你最好这样说

在你与客户通上话以后，前十几秒钟你所讲的话，或者说是你所讲的第一句话，对接下来的通话非常重要，若你说不好前十几秒钟内的话，与客户的沟通往往会以失败告终。

【实战案例】

电话销售人员王侠打电话给一个印刷厂的杨经理。

王侠："您好，杨经理吗？"（礼貌问候）

杨经理："是我，你是谁？"

王侠："我是高雄大亚电脑公司的王侠，我们公司的专长是提供印刷行业专用的电脑设备。今天我打电话过来的目的是想告诉贵公司，我们的电脑设备已经替许多印刷厂商省下了不少的印刷时间及成本，为了能进一步了解我们是否能替贵公司节省印刷时间及成本，我想请教一下贵公司目前使用的是哪一种品牌的印刷设备？"（简单说明自己的目的）

杨经理："是吗？嗯，我们使用的是……"

就这样，王侠在十几秒钟的开场白中就引起了准客户对产品的兴趣，同时也使通话得以继续，为成功推销打下了良好的基础。可见，一次与客户成功的通话，成败就在通话后的前十几秒，我们一定要在这短暂的时间内，充分发挥语言的技巧，牢牢地把握话语的控制权。

【实战要点】

一般来说，接通电话后的十几秒钟是至关重要的。能把握住这十几秒，你就有可能用至多一分钟的时间来进行你的有效开篇，这其中包括：介绍你和你的公司，说明打电话的目的，了解客户的需求，说明为什么对方应当和你谈或至少愿意听你说下去。

1.引起电话另一端客户的注意

主动打出电话，最重要的事莫过于唤起客户的注意力与兴趣。对于素不相识的人来说，一般人都不会准备继续谈话，随时会搁下话筒。你需要准备好周密的脚本，通过你的语言、声音的魅力引起对方的注意。

（1）能激起兴趣的通用说明。例如："我了解到你们部门的手机话费每月超过上万元。我致电的目的是想让您知道我们的资费计划能使您的费用减少一半……"

（2）用问题来取得对方的注意力。例如："从您提供的信息上看，您的汽车保险保额为4000元人民币。目前事故的平均修理、理赔费用为9300元，保额不够时您是如何打算的呢？”

（3）由衷的赞扬。例如：“如同贵公司在打印机领域远超竞争对手的领先地位一样，我们公司所提供的集团客户旅行去年占全行业的 40%，远较第二名 15% 为高……”

（4）提出问题的严重性。例如：“张先生，我市房屋拥有者每 10 人中有 8 人的房屋一旦遇到火灾等自然灾害被毁时完全无法重建。如果您是 8 人中的一位，我建议您能了解一下我们推出的……”

（5）用类比方式。例如：“胡太太，东安小区有 56% 的住家安装了防盗报警装置。”小区的犯罪得逞率比咱小区下降了 10 个百分点。我相信您对社区安全也是同样关注……”

（6）提及客户熟知的同行已采用。例如：“您好！李总。我是王红燕，是信达公司的培训顾问。我们是国内唯一一家专做银行业务代表培训的专业公司。我们最近为 ××× 银行做了为期三周，全体业务人员参加的电话技巧培训。”

（7）如果以上都不适用，你则在介绍你自己名字与公司名字之后问一句：“您听说过我们公司吗？”为下一步的简述作转接。

2. 介绍致电原因和目的的方式

（1）第三方引介。例如：“我给您致电是因为我们都熟悉的黄志军先生介绍说您正在寻找降低波峰用电量的方法。”

（2）直接跟进。例如：“我来电是想了解一下我们按您的要求寄出的公司介绍是否就是您感兴趣的内容……”

（3）提及对方最近的活动。例如：“贵公司最近组织中层以上的经理参加的中欧工商管理学院的客户关系管理课程表明了……”

（4）将你的产品与著名专家的论点联系起来。例如：“营销界的泰斗程院士认为目前的营销自动化软件需要解决数据格式本地化的问题。您桌面材料上的这一版是我们新推出的升级版，完全解决了……”

3. 站在给客户提供价值的角度设计对话

即使你的头衔是销售代表，你也应该用客户更容易感觉出有价值的称呼。比如，如果你是保险推销员，可以称呼自己为财务顾问；如果你是家具推销员，可以称呼自己为室内设计顾问。

在介绍公司和产品时也是一样。如果你是一家彩色打印机制造商，强调

“我们帮助企业在更短的时间与更低的成本下印制更高质量的彩色印刷品”，而非简单地说：“我们生产 ×× 品牌彩色打印机。”

如果你的产品或服务能解决一个业界知晓的问题，或能给企业带来业务上的突破，就一定要突出强调这个特点。例如：“我们新一代的手机 ×× 型已经彻底解决了长时间通话手机会发热的现象，而通话质量丝毫不受影响……”

在开篇快结束时，如果你能帮助客户更多地提升他的价值，通常对话能顺利进行下去：“如果我向您展示贵公司如果将客户来电等待时间立即提高到业界平均水平以下，您会有兴趣和我讨论吗？”

总结电话开篇的过程：在彬彬有礼地问候后介绍你自己与你的公司，然后将电话内容集中于客户高度注意的问题或是感兴趣的话题。

网络交流，要用好即时聊天工具

随着互联网的发展，目前在中国出现了很多诸如QQ、微信和视频直播之类的网络聊天工具，对于销售员来说，这不仅仅是多了一个与客户沟通的工具，更是多了一个销售平台。网络营销时代的到来势不可当。在贸易对互联网依赖越来越强的今天，掌握网络即时沟通话术是销售员必修的功课。只有掌握了网络即时沟通的技巧，才能用好新媒体、做好网络营销。

【实战案例】

小兰做微商销售好几年了，每个月收入不菲，朋友问及成功的经验，小兰说：“代理好的产品固然重要，但是要是不能掌握网络即时沟通话术，也很难利用微商平台卖出产品。”小兰的话有一定的道理。

某天，有人给她在微信上留言：“这个产品你能便宜点吗？”

小兰认为，对客户说“不能”，这样强烈的拒绝会让客户对你产生反感。当遇到这种问题的时候，小兰会把客户的问题绕开，先不直接回答，而是向客户充分介绍自己的产品。

小兰发了一些产品的介绍资料给对方，等对方了解了产品后，小兰用语音对客户说：“美女，这套产品卖720元，可以用一年，一天才花4元钱，很实惠了！”

客户留言：“你这次产品质量会不会有问题？”

小兰回答：“我一直很注重产品的质量问题，因为我也是个消费者，所以我对产品质量要求也很高，我为这个产品做销售，就是因为这个产品的质量好。”

“老客户也没有优惠吗？”客户又问。

小兰觉得，要把面子给老客户，让老客户感觉到自己的诚意，于是写道：“感谢您一直以来对我这么照顾，能有您这样的客户我感到很高兴，这样吧，我给您些赠品吧，这些赠品是我们公司额外回馈给客户的，也是对您支持我们公司的感谢，只是我要说的是……”小兰将精美的产品包装图发给了对方，接着介绍赠品的优点、好处，让客户认识到赠品的价值，感觉赠品物超所值。

“好吧，我买一套吧。”客户回答。

众所周知，网络即时沟通有两种途径：一种是文字和图片沟通，另一种是语音和视频沟通。利用网络即时沟通工具时，文字往往是语言转换后的结果，所以，文字和语音沟通质量虽然是口才的直接反映，但与面对面时的语言沟通还是有所不同。

平时我们与朋友或客户面对面交谈的时候可以通过微笑、动作、语气等方式了解对方的心理状态变化，很容易知道对方是生气、高兴还是说笑。但是在网络沟通的过程中，由于我们无法看到对方的表情和动作，只能靠文字和语音表达，如果我们仍然按照平常说话的方式在网上交谈的话，可能会得到一些不可预期的结果。

【实战要点】

网络即时沟通技巧是一门学问，只有深入网络销售内部，你才能真切感受到网络销售沟通技巧的重要性。有人用网络即时沟通工具聊天，有人却在网络即时沟通平台中学习、成长。一般来说，网络即时沟通时，应该注意以下事项。

1. 综合利用网络即时聊天工具的功能进行沟通

网络即时聊天工具的功能比电话更多，比如语音的撤回功能、方便的留言功能、视频聊天和发图功能等。销售员在与客户沟通的时候，要充分利用这些功能，将它们综合运用起来，相辅相成，沟通的效果会更好。

2. 聊天速度要适当，有序

在网络上沟通交流时，不论是通过打字还是语音，应该本着“就慢不就快”的原则。否则对方听不清，或者跟不上我们的思路。另外还要注意交谈和回复的顺序，不能发生答非所问的现象。语音交流时，语言要清晰；打字沟通时，文字内容要表达完整，注意不要写错别字。

3. 视频聊天注意自己的形象和礼貌

与客户视频聊天时，在注意语言技巧的同时，还要注意仪容仪表，因为这是面对面的沟通。但不要主动与客户视频聊天，否则是很不礼貌的行为。

4. 多用感叹词，但有些单个语气助词要慎用

平时我们与朋友或客户面对面交谈的时候可以通过微笑、动作、语气等方式了解对方的心理状态变化。但是在网络沟通的过程中，由于我们无法看到对方的表情和动作，只能靠文字表达，如果我们仍然按照平常说话的方式在网上交谈的话，可能会收到不好的效果。

那么，我们应该如何解决这个问题呢？最简单的方法，我们可以多使用一些感叹词。例如“哟”“啊”“呀”“呢”“啦”“嗯”等词语。在沟通时，大家经常会用一些单个语气助词，比如哈哈、嘿嘿、呵呵、晕、倒、啊等，这些词汇会让对方觉得你在应付他，所以要少用。

5. 图片表情要慎发，适当地点缀，画龙点睛

表情是大家在聊天中最喜欢用的元素之一，一个恰当的表情能够起到调节关系，缓和气氛的作用。但同语气助词一样，不适当地使用表情图片，同样会使别人产生不愉快的心理感受。所以大家在用表情图片时尽量不要用那些可能会引起别人抵触情绪、让人反感，或是降低自己形象的图片。但是，可以在谈话过程中适当地发一些，用以表达语言和文字难以表达的意思，起到画龙点睛的作用。

6. 回复要及时

要注意回复速度。回复对方的速度要适中，不能过快，也不能过慢，比如对方问了一个他认为很重要的问题，那即使我们知道答案，也不要马上回复。否则对方就有可能会感觉我们对这个问题不够重视，敷衍了事。

我们在与客户沟通的时候需要注意这些技巧，其实不管我们通过网络与顾客沟通也好，朋友之间聊天也好，都可以使用以上的方式交谈。虽然可能是一些浅显的技巧，但如果想运用得好，还需要我们慢慢地积累经验。

口才提升与实战训练

1. 口才拓展训练

道具：录音机，若干篇文章。

参加人数：5 人以上 10 人以下。

方法：读文章把自己的声音录下来。

规则：仔细听录音，找出毛病然后加以改正。声音检查的要点有：语气是否和缓友好，语调是否抑扬顿挫，语速是否适中，是否有口头禅，声音是否悦耳动听，语言表达得是否准确明白等等。

目的：通过练习，使声音动人动情，吸引人。

2. 口才情境分析

著名推销大师巴克·罗杰斯认为，销售员用电话联系客户是一件很必要的事。如果不事先联系，就直接出门拜访，会遇到很多麻烦。

有时候电话那端的客户“守门人”会答复：“对不起，我们老板正忙着呢，能不能留下你的电话号码，我请他回电给你。”

罗杰斯的反应是：“我很了解你的职责和立场。我相信你的老板现在正忙着。不过，请相信，你的老板只要跟我谈几分钟，一定会觉得很值得。”

像其他推销专家一样，罗杰斯认为，说话的语气和自信心是决定胜负的主要因素。

请问，电话销售时，有什么方法可以绕过客户的“守门人”，成功接触到重要人物？

参考答案

打电话能成功的原因有以下几点：第一，守住非与对方通话不可的初衷；第二，对于“守门人”的抗拒，已有事前的心理准备和应对之道；第三，态度积极，在与“守门人”交谈的时候采取主动的态势，不给“守门人”问太多问题的机会。应对“守门人”有个很好的办法是使用简洁扼要的口气说话。坚定、充满自信的讲话语气使“守门人”觉得这是一个很重要的电话，“守门人”不能再多问，只有把电话接通。

3. 口才实战训练思考

假如你在做人力资源管理咨询的电话销售，你的客户在电话中告诉你：“我觉得你们的专长是在战略咨询，而不是在人力资源管理咨询，我们需要人力资源管理咨询方面的专业公司。”

这时你说：“我了解您的想法，我们虽然只有几次人力资源项目的经验，但我们丰富的管理咨询经验会帮助您实现项目目标……”

如果你这样回答客户，你认为客户会满意吗？你该怎么回答呢？

参考答案

这种回答方式非常消极，客户不会满意。如果换种方法，用积极的方法来表达的话，可能就是：“我了解您的想法，我们已经在人力资源管理咨询方面有过成功的项目经验，再加上我们在其他项目领域丰富的咨询经验，一定会帮助您实现项目目标……”这两种不同的表达方式已经给客户留下了不同的印象。

第10辑 语言有效引导，让客户快速下单成交

语言引导是指用语言指示人向某个目标行动。销售中的语言引导，就是通过语言引导客户完成交易。销售人员在用语上不仅要注重客户的情感因素，而且应注重语言内容结构的翔实性，要有根有据。也就是说，在以事实说话的同时，及时抓住有利时机，引导客户快速下单成交。

言语恳切，真诚是成功交易的孵化剂

真诚是人们在商业活动中必备的素质之一，在任何场合都是需要的，处理客户异议也不例外。真诚地对待客户，从客户的角度出发，才能更好地看清楚客户异议的问题所在，然后再合理地帮助客户解决问题，就很容易获得客户的认同，促成交易。

【实战案例】

小周是某公司的销售员。几天以前，她通过电话向一位客户推销过公司的产品，但是没有结果。这天，小周再次拜访了这位客户。

小周："您好！我是 ×× 软件公司的小周。"

客户："你好，对不起，我忘记了我们什么时候通过电话。"

小周："几天前与您通过电话了，我今天是想来专程为您介绍一下我们的产品。"

客户："哦，可是我们在这方面有固定的合作伙伴，他们的产品我们很满意。"

小周："……"

客户的一句话，就把小周噎了回去。小周很懊恼，对销售工作产生了畏惧情绪。经理得知她的遭遇后告诉她："与客户沟通时，被拒绝的原因多种多样，但无论什么原因，销售员都要用真诚的态度对待，而不是逃避。另外，销售员也要对客户的拒绝有所准备，甚至在拜访客户前设定几种情景，并想出应对方法加以练习，这样就不会在客户拒绝时表现得束手无策了。"

之后，经理对小周进行了针对性的培训。

某天，虽然下着大雨，但小周还是如约地去拜访一位客户。

小周：“您好！我是××公司的销售员小周，几天前我们通过电话，今天是想来专程为您介绍一下我们的产品。”

客户：“哦，不过我们在这方面有固定的合作伙伴，对他们的产品我们很满意。我们不会买你的产品。”

“这个没关系，您能接待我，我已经很感激了，您知道吗，我做销售不久，能得到您这样大公司负责人的接见，本身就是很开心的事。只是浪费了您的时间。”小周恳切地回答。

“我们现在的确没有换供货商的打算。我们与现在的供货商已经合作多年了，各项合作事宜都比较顺畅。”可能是小周的真诚打动了客户，客户说出了拒绝小周的真实理由。

“您可能将精力都放在公司的经营上了，所以，对市场产品功能的更新和制造成本的降低关注得不多。我来之前，专门为贵公司做了产品专题介绍，通过这份介绍，您可以全面了解您所用产品的功能和价格动态。如果想用更高性价比的产品，获得更周到的服务，我想贵公司一定不会拒绝我们，也会愿意花时间来做一下了解的。对您来说，通过这份介绍可以让您用最短的时间做最全面的了解，节省了您的时间；对我来说，也算是对您能接待我的一个回报。”小周说完，将产品专题介绍递给了客户。

客户边接过产品专题介绍边问：“你们的产品新在哪儿？”

“我们的产品有很多先进功能，生产效率也更高，当然，价格也稍微高一些，但它能给您带来更高收益的回报，您说是吗？”小周在突出产品卖点的同时，也坦诚地说出价高的不足。

客户：“这样吧，我先了解一下你们的产品，等公司扩大产能的计划落实后，我们再详细谈可以吗？”

……

几个月后，小周接到了这位客户的电话，很快就达成了一桩交易。

一个销售员可以聪明绝顶、能力过人，但若不懂得借助真诚的语言对待客户，他的推销也只能是事倍功半。因为你的言辞无论多么悦耳动听，但如果对方感觉不到你的真诚，一切都是徒劳。真诚是打动客户的法宝，当遭遇客户拒绝时，销售员的真诚可以感化客户，从而打破沟通僵局，实现成交。

【实战要点】

真诚的语言，是一种不加掩饰、不加遮盖的透明，是一种没有面具、没有虚伪的坦露。销售员对客户真诚，他才会相信你会全力帮他解决问题而不是随口应付，他才会和你交流，说出心里话，提供更多的资料和成交的机会。那么，在客户面前，销售员如何做到用真诚的言语对待客户呢?

1. 作自我介绍时要真诚自然

有人把自我介绍称为自我推销。既然推销产品时需要在货真价实的基础上做宣传，那么推销自我时也不能不顾事实而自我炫耀。因此，作自我介绍时，最好不要用“很”“最”“极”等极端的词汇，给人留下“狂”的印象；相反，真诚自然的自我介绍，往往更能引起客户的注意。

2. 面对异议，更要表达诚意

销售员可以运用以下方法来表达诚意：“这是我们的责任……是我的错……”“您这么考虑是正常的，不过……”“最迟今天下午 6 点，我会给您满意的答复”“我现在就给经理打电话”“我立刻去办”。

对于一些情绪化的客户意见，如“这个包装太难看了”“我不喜欢这个款式”等，销售员只要面带微笑就可以了。这些意见与眼前的交易没有太直接的关系，销售员只要以诚恳的态度对待，然后迅速引开话题即可。

巧用煽动性语言，一句话促成交易

在现代汉语词典里“煽动”的解释是“鼓动怂恿”。这个词通常在政治领域应用得比较广泛，而用于经济领域和销售行业的的确不多，为什么我们不用启发、诱导或者引导，而用煽动？这是因为“煽动”一词是主要针对人的心理的，“煽动”一词用在销售过程中有“鼓动起热情、引动感情”的深刻含义和现实意义。

【实战案例】

有一次，森玛向一个女孩推销化妆品，这个女孩转来转去就是不买，样子很是奇怪，森玛问她话，她就会冷冰冰甩一句："随便看看。"

时间长了，森玛灵机一动，问道"小姐，您正在用我们的产品吧？要不，您的皮肤怎么那么好。"

女孩回答："没有。"

"那您一定做美容护理了吧？实际上像您这么好的皮肤，没有必要用化妆品。"森玛说。

小姐好像有一点兴趣了，问道："你觉得我的皮肤好？今天，我就想找一款对皮肤没有刺激的产品来护理皮肤。"

森玛一下子明白了女孩的意图，开始煽动女孩说："是的，许多漂亮的女孩都特别注意自己的皮肤，她们也是只用一种牌子的化妆品。您可能不知道，××影星就是用的我们家的品牌，如果我们的产品护理不好皮肤，您想，像她这样的大明星会用吗？所以，我们的产品被很多女孩喜欢，经常卖到断货。现在，我们卖得最好的一款护肤品也就剩最后一套了，上新货，未必有，即使有货恐怕公司又要涨价了。"

女孩终于对产品产生了兴趣，说："您这可以先体验一下吗？"

"当然可以！"森玛说。

女孩体验了森玛给她推荐的护肤产品的效果以后，毫不犹豫地买下了森玛说的那款的最后一套护肤品。

对女孩来说，"××影星就是用的我们家的品牌""很多女孩喜欢""恐怕又要涨价了"这些语言很有煽动性，所以决定试用直至购买。森玛煽动性语言避免了女孩对导购员直接防卫的心理，从而大大地增强了消费者对产品的信任感，为后面的购买创造了有利条件。用最具煽动性的语言来吸引对方，这也是现今销售界最流行、最有效的技巧。这实际上和我们平时所说的激励法有些类似，当顾客面对商品犹豫不决时，你不妨用一些或鼓励或暗示性的语言来激励他，从而达到使之购买的目的。

【实战要点】

用煽动性的语言进行刺激或暗示顾客购买，使原本僵持的推销场面忽然之间就柳暗花明了。那么，如何让你的语言对客户具有煽动性呢？

1. 用煽动性的语言时，要注意语言技巧

语言能巧妙地刺激顾客的购买心理，使顾客有一种紧迫感和压抑感，从而令顾客的购买欲望高涨起来。

2. 用煽动性的语言时，语言表达能力要强

说话时言语条理清晰，有逻辑，这样你的话语才会极具煽动性。

3. 用煽动性的语言时，要因人而异

一定要根据不同的对象，采用不同的煽动性语言才能收到满意的效果。如果“煽”错了对象，反而会置你于死地，或导致事情向坏的方向发展。

4. 用煽动性的语言时，要具有热情

对待客户要自然流露由内而外的热情，能感染到客户，才会让客户领会你的情感流露，相信你对商品的介绍。

5. 用煽动性的语言时，要自信

自信的眼神和动作是迷人的，会让客户情不自禁地以你为中心，重视你的所言所语，你的话语才能触发客户的购买神经。

讲一个动人的故事，赢一位客户的订单

动人的故事有时会比抽象的说教更能打动客户。在保险推销的过程中，讲保险故事是很重要的一环。有些客户没有保险意识，听了保险故事才会被点醒。因此，在销售过程中，销售人员不妨适时地给客户讲一个动人的故事，让客户在感性认知中做出购买决定。

【实战案例】

原一平讲起保险故事相当传神，客户往往听得激动起来。讲到令人鼻酸的重点时，原一平还会掉下眼泪。“保险故事在保险推销里头，具有强烈的催化作用，讲得越好，催化力越强。”原一平道出自己的心得。

有一次，原一平遇到一位客户，几次拜访，不论原一平怎么说，她都表示不会买保险，直到原一平对他讲述了下面这个故事：

“能不能提前啊？如果不行，你把我缴过的会费还我就好，利息就算了。”自从丈夫病重后，美子为了互助会的事不堪其扰，一些会员担心她一手创办的互助会垮了。她是会首，每个月 1 万元的互助费，是以邻居亲友为主组成的。

丈夫病重，会员担心是难免的，但她已解释再三，无论如何不会让大家吃亏的。“我们家在这里已不是一年、两年，难道我们的为人你们还不了解吗？我们不曾欠过人家一分一厘的嘛！”

虽然这样说，邻居亲友的疑虑还是无法消除。佳子是美子丈夫好朋友的太太，一大早就来到美子家。“由田太太，我们家最近买房子，贷款本息负担很沉重。能不能商量一下，把会费退还我们。”美子感到世态炎凉，说不出话来。

“我是不得已才提出这样的要求的。”佳子不死心地纠缠着。

“佳子，我丈夫和你丈夫是多年的知心朋友，你这样苦苦相逼，叫我很心痛。”场面立刻尴尬起来。美子本来想把丈夫有张人寿保单的事说出来，但是心想，这样说好像期盼丈夫早点去世，于心何忍。她已盘算过，即使丈夫走了，以自己的收入加上保单赔偿，维持互助会是不会有问题的。

但是像佳子这样的会员有两三个，尤其佳子讲话更是露骨，丝毫不顾及往日的交情，很难应付。“佳子，我丈夫还没有走，你也不用担心，就算我做牛做马，也不会欠你们钱的。”

“我不管啦！”佳子不愿就此打住。

“我们家是穷了点，你也不必这样。按规矩，你互助会已经参加了，是没道理中途退出来的。”美子强硬了起来，口气不再软弱，佳子眼看情况不对，只好回去。一面看着丈夫因癌细胞扩散而身体一天天虚弱，一面又要应付各种经济上的问题，美子有点承受不住。但是这家除了她，谁来撑呢？子女还小。美子必须坚强起来。

“看开点，别烦恼。我们已经没有什么好损失的了，还担心什么？”看到美子焦虑苍白的面容，婆婆安慰道。“我知道。”到了这步田地，美子也体会到，光烦恼是没有用的。

丈夫走了。丈夫的保单索赔虽然只有100万日元，办丧事及医药费花去大部分，但是至少不用去借。剩下的三十几万日元存着，心中踏实多了。否则，万一家中又有人生病，那可就要借钱了。

“借钱，越有钱的人借钱越容易，越穷的人借钱越困难。”美子说道。

故事足以说明，在生活艰难的处境下，买保险的好处——这是原一平有意设计的，故事的主人翁美子有点像这位客户。客户听后，被感动得流下了眼泪，马上决定投保。

看来，故事的魅力的确不小。也许有人会感到困惑，故事真的会有这么大的作用吗？其实，不少销售故事之所以能获得客户认同，根本原因在于故事中的情感因素对客户有着巨大的震撼力。比如，故事发生的情景、地点，使意向客户产生了带入感，让客户产生置身其中的感受。销售故事中的地点可以是客户使用商品的地点，也可以是客户在享受商品所带来的利益时的地点。

销售故事还可以启发客户从平时司空见惯的生活场景中捕捉不同的灵感，或者启发客户从新的角度和新的视角去看待生活场景及生活中遇到的问题，从而开发新的市场空间，找到新的交易可能。

好的销售故事，通过与客户的情绪对撞，让客户正面强烈的情绪参与到销售中来，获得独特的情绪体验，从而增加了商品的附加值。

完整的故事给客户以深刻的启迪、强烈的情感冲击，让客户用独特的视角来看待故事。但是，在很多销售过程中，销售员并没有机会长篇大论地向客户完整地讲述故事。很多的故事因素可能是隐而不发的。这时，销售员需要培养自己敏锐的观察力与决策力，快速从自己准备的“故事会”里筛选、整合出最适合客户的方案，并用客户最喜欢的方式讲述给他。

【实战要点】

用故事来巧妙包装商品，对于销售人员来说，是一件非常有趣的事情。

那么，销售人员应该如何为自己所推销的商品编织一个故事呢？完整的故事包括了哪些要素呢？

如果从体裁和理解的角度来看，完整的故事就像完整的新闻一样，它包括了5W元素。

1. 何事（what）

一个好的故事从一开始就能紧紧抓住客户的心理，让客户被深深地吸引，故事情节要新鲜、有趣、好玩。

2. 何人（who）

何人在这儿指的是销售故事的主人公以及被编排到故事中的人。一则完整的销售故事中的主角或涉及的人物要与目标客户保持密切的关联度。

3. 何时（when）

事件的发生时间是什么时候？人们往往对时间的概念并不是十分清晰。

4. 何地（where）

故事发生在什么地点，为什么在这个地方，相对于别的地方有什么特殊性，对事件的影响如何，这些都影响着故事的可信度。

5. 何因（why）

故事为什么会发生，对事件深层次的分析能够激发客户的思考，并就你所推销的产品展开联系，还会认真考虑购买的必要性。

当客户告诉销售人员“我不会买这件商品”时，时间线就被模糊掉了，客户自己并没有意识到他所描述的时间是过去、现在，还是将来。在这种情况下，客户的这句话意味着拒绝。这时，销售人员可以通过时间线的清理重新为自己找到销售的切入点：“您是说您现在暂时不需要我们的商品，对吗？也许在……的情况下，我相信您会第一时间想到我和我们的商品。”这时候可以适当地切入以往客户购买商品的故事，来启发当前客户的潜在需求。

销售故事中时间线的摆放十分重要。客户在购买的过程中，往往很少考虑到自己处在什么样的时间线中。以故事为工具，我们可以引发客户进行更深一步的思考。

循循善诱，搞定只看不买的客户

很多销售经验告诉我们，与难缠、异议不断的客户相比，跟那些只看不买的客户打交道更难。这些客户只是看看，不在意对商品是否满意。这些客户似乎没有购买需求，销售工作也就无法展开。但精明的销售员，对那些只看不买的客户，通过循循善诱，为这些客户找到购买商品的理由。让客户从看到买，销售员不仅需要掌握专业知识，还需要具备良好的沟通技巧。

【实战案例】

某天，某礼品店来了一个男孩，站在橱窗旁对着一个音乐盒看了半天，也不说话。销售员问他需要什么，男孩也不应声。这时，另外一名销售员走过来，对男孩说："你是喜欢这个音乐盒吧？"

男孩："嗯。"

销售员："喜欢就买回去呗。"

"我只是看看。"这个男孩回答，而后又走到另一件工艺品面前。

销售员："这个也很漂亮。你是想选个礼物送人吗？"

男孩："嗯。"

销售员："想送给谁呢？"

男孩："没想好。"

销售员："啊？明天是母亲节，如果把这个礼物送给妈妈，她该是多么高兴呀。"说完，销售员走到橱窗边，打开了音乐盒，里面缓缓地飘出了一首美妙的钢琴曲。

接着，销售员说："如果你送给妈妈，她一定非常喜欢。而且我还可以免费给你做一个漂亮的包装，你看好吗？"

男孩：“真的适合吗？”

销售员：“我觉得挺适合的，当音乐声飘出的时候，妈妈一定会很感动，不过我们这里还有其他的礼品，你也可以看看。没关系的，你选择任何一个礼品都可以免费给你做漂亮的包装。”

男孩：“我还是喜欢那个音乐盒。”

销售员：“我也看它最合适了，那么我们就把它打包装好吧？”

男孩：“好，就买这个送给我妈妈吧。”

案例中，这位男孩在刚开始时表现得很沉默，销售员问其需要什么，也沉默不答。而最终，另外一名销售员却打开了他的话匣子，并替男孩找到购买音乐盒的理由，并成功推销出去了这款音乐盒。这名销售员之所以能做到，是由于他具备良好的观察能力和思考能力：首先发现了小男孩对音乐盒感兴趣；然后循循善诱，让男孩愿意与其主动交谈；最终推销成功。

【实战要点】

在现实销售过程中，我们经常会遇到这样的客户，他只是逛逛看看，无论销售员说什么，他似乎总是把自己与销售员隔离开来，对销售员的热情视而不见，无论何时总是保持沉默，让销售员找不到交谈的突破口，更别说销售机会了。

因此，如何打开这些不言不语的客户的口成了很多销售员必须研究的课题。那么，想要搞定只看不买的客户，销售员应该如何做呢？

1. 始终保持热情诚恳的态度

销售员的热情就像一团火，无论内心如何冷淡的客户在销售员的热情面前都会被感染。从事销售行业，热情就是销售员获取成功的法宝。

因此，在与这类不言不语的客户交谈时，销售员要始终保持语言、神情和目光的真诚，并始终保持微笑。当你从始至终地与其热情真诚地交谈后，就一定能在客户的心里留下良好的印象，不论谈话是否取得实质性的进展，对以后的销售工作都会有所帮助。

2. 善于观察，挖掘客户的需求

那些只看不买的客户往往是不言不语的，客户的内心想法多半不能从言语上得知。因此，我们不仅嘴上要会说，眼睛还要会看，耳朵还要会听，大脑还要会想，要有足够的耐心、信心和智慧拿下这样的客户。要善于通过客户的举止甚至是一个眼神来捕捉客户的心理并加以分析。掌握客户的购买心理，也就掌握了成功销售的砝码。

3. 努力引导客户开口

再聪明的销售员在与客户沟通的时候，只凭举止、眼神、表情等方面获取其购买商品的相关信息往往还是不够直观，甚至会得出错误的分析结果，出现判断错误的尴尬。所以，作为销售员不仅要善于观察，还要善于调动客户的积极性，帮助客户打开“话匣子”，让客户主动开口说话。当然，鼓励客户开口还是需要销售员具备良好的沟通能力，热情真诚地与客户沟通，并极力营造一个轻松的谈话氛围，让客户觉得是在和自己的老朋友交谈。

总之，当在销售中遇到那些一言不发、表情冷漠的客户时，我们不仅需要观察客户，通过非语言方式了解客户的内心，更要特别注重与客户的沟通。借助提问或者拉近心理距离的方式想办法将客户引导到沟通活动中去，做到充分了解客户，一旦客户被激发起了谈话的热情，愿意参与到谈话中来，那么销售员展开销售工作就比较容易了。

客户犹豫不决，消除疑虑令其果断下单

在购买产品时客户犹豫不决是常有的事。对产品有疑虑、不放心，是造成成交障碍的一个重要原因。对于那些犹豫不决的客户，销售员如果不能正确地处理和解决，不仅白白浪费了口舌，而且还可能就此造成客户的流失。客户之所以犹豫不决，通常是因为产品满足了他的部分需求，或者是客户对产品比较认可，但对个别之处还不满意，所以才会拿不定主意，左右权衡。这种情况看似销售员很被动，但其实是绝好的销售机会，因为客户对你的产品已经有了认可，你只需对其进行有效引导，便可实现成交。

【实战案例】

一位端庄大方的女客户走进一家首饰店，并且对店中的一款项链非常感兴趣，隔着橱窗左看右看。店中的销售员李佳慧见状便迎了上去……

李佳慧：“这款项链看起来和您很配，无论是它的做工还是款式，都非常适合您。”

客户：“它是什么材料做的？”

李佳慧：“像您这么有气质的女士，当然是适合进口的了，这是一款从巴黎进口的限量版产品，纯铂金制造。”

客户：“是吗，我看着色泽是很好。”

李佳慧：“是啊，我看着这款项链和您的气质真的很搭配。”

客户：“是吗？我也这么认为。不过我还是想再考虑一下。”

李佳慧：“其实这条项链真的非常适合您。而且我也看出来您特别喜欢。不知道您还有什么疑虑，可否说出来让我给您分析一下？”

客户：“这条项链的价格实在有点儿贵。”

李佳慧：“这个我可以理解，但是这条项链真是很适合您，更显得您高贵和有气质了，一般女性买首饰能碰到特别适合自己的很难，但是我看您刚走进来就看到了它。这条项链不戴在您身上真是可惜了。”

客户：“我也一直都觉得这条项链比较适合我，我选首饰还是挺挑别的。”

李佳慧：“是啊，所以说您戴这条项链准没错，不论是上班还是参加舞会，您准能成为全场的焦点，相信您戴上它回头率会更高呢。而且我们的这款链子数量比较少，就是专门留给那些符合这款项链气质的女士的。您放心，在这个城市，再没有第二条了。其实有不少女士都喜欢这条项链，但总是感觉没有那么好的气质足以配它。”

客户：“是吗？那看来还是挺适合我的，你给我包起来吧。”

销售员李佳慧的聪明之处就在于，在面对犹豫不决的客户时，她没有只是通过一味地强调产品的优点，企图打动客户，而是实质性地解决了客户内心存在的疑问。

【实战要点】

销售员在实际的销售过程中要重视犹豫的客户，因为这些客户往往都有需求，只要消除他们的疑虑，一般都能成交。那么，销售员怎么做，才会让犹豫不决的客户下定决心购买呢？

1. 询问原因，对症下药

要想让犹豫不决的客户下定购买的决心，就要想办法知道他为什么会犹豫。因此，销售员要在沟通中尽量引导客户说出其犹豫的原因。如果客户说："我再想一想，觉得还是……"这时，销售员可以客气地向其问道："您能否说出您的疑虑，看看有什么我能够帮您解决的吗？"这样，客户碍于面子，也会多少透露一些犹豫的原因。

客户："我还是再考虑考虑吧。"

销售员："您有什么疑虑的话，不妨直接说出来，看看有什么我能够帮您解决的。"

客户："嗯……我觉得买了车会不会比不买还麻烦。"

销售员："原来如此，您是想说买了车之后要交车税，又要付每月的燃料费、管理费……似乎买了一辆车之后比买之前的麻烦更多了，对吗？"

客户："嗯，这也是我一直犹豫的原因。"

销售员："您应该这样想，假如您有了能够购买一辆车的经济能力，而且在生活和工作中也确实需要它，就因为购车以后可能会遇到各种复杂的问题，而放弃购买的念头吗？这样一来，情况又是怎样的呢？您平时上班选择哪种交通工具呢？如果您工作单位很远，坐公交车和出租车同样需要支付费用。如果您买了汽车，不仅方便而且大大节约了您的时间。更何况您喜欢的这款汽车正在我们的优惠期，如果现在不买，以后就会恢复原价。您还是仔细考虑一下吧。"

销售员只有知道了客户为什么会犹豫，针对客户犹豫的原因找到相应的解决办法，才会坚定客户的购买决心。

2. 语言引导，激发从众心理，坚定客户的购买信心

有这样一则故事可以很好地说明从众心理的作用。

在街头，排起了长长的一队。后来的人看到排起的长队，也不知不觉地排了上去。

突然，一个人问他前面的人："排这么长的队，究竟是做什么？"

前面的人回答说："不知道！"

于是，前面的人又同样问自己前面的人，得到的答案同样是"不知道"。

这样，排队的人便一个一个往前面问。第一个人正在聚精会神地看蚂蚁搬家，被打扰后对身后的人说："我在看蚂蚁搬家呢？你在后面做什么？"

此时，大家才知道排队是为了什么。

生活中的从众心理当然也完全可以运用到销售中来。请看下面的例子。

一位销售员在向一家公司销售办公文具时，看到对方迟迟不肯签单，就说："贵公司旁边的政府大楼使用的就是我们公司的产品。他们最初只是购买了部分产品。后来，他们觉得我们公司的产品非常放心可靠，又相继购买了一些产品。到现在，他们与我们公司已经建立了5年的长期合作关系。只要他们有这方面的需要，都会与我们公司联系，我们也会以最快的速度为他们提供最满意的服务……贵公司也可以先购买一小部分产品，如果觉得满意就增加合同分量，您觉得怎么样？"

公司的负责人听了这话，想了一会儿就与销售员签订了单子，从他们公司购进了一小批货。

虽然从众心理能够提高成交率，但是如果客户非常有个性，就不能使用这种方法。因为人们在从众的同时也会有些叛逆心理。如果面对有个性的人也使用这种方法，反而会激发客户特立独行的心理。

3. 挽留也是一种销售之道

在确切地知道客户犹豫不决的原因之后，销售员要快速找到解决的对策。如果你不能及时解答客户的疑虑，他很有可能转身离去。一旦客户离开便会前功尽弃，因此销售员首先要对客户进行挽留。

4. 介绍产品，加深客户对产品的印象

有些时候，销售员所有的努力还是得不到回应，客户依旧不能下定决心

购买产品，这时销售员就要变换与客户之间的沟通方式了。销售员一定要理解客户想要货比三家的想法。在客户离开之前，销售员还有一件重要的事要做，那就是加深客户对产品的印象，即向客户介绍产品的性能和特点。

销售员在最后的努力中，一定要特别注意客户的反应，无论是举止，还是表情，一旦客户表现出不耐烦，就要立刻停止推销活动。

面对犹豫不决的客户，销售员一定要给客户肯定的话语，这样才能打消客户疑虑，让其放心购买。

不同客户不同对待，见什么人说什么话

由于每个人都有不同的性格，即使是同一需要、同一动机，在不同的消费者那里，表现方式也有所不同。所以，为了能够真正把话说到客户的心坎上，销售员不仅要了解客户的需要、动机，还要对不同的客户有一个基本的判断，这样才能有的放矢，马到成功。

【实战案例】

在天宇公司，有一个叫张涵的美女销售员，她不但长相靓丽，声音甜美，而且口才方面也是非常的出色，在为人处世方面也是相当的有一套。在历次公关营销中她都能够发挥自己的优势搞定难缠的钉子户。在维护客户方面也是花最少的钱办最漂亮的事，简单的几个电话就能够让客户身心愉悦。

但是最近，在面对天宇公司公关的一位客户时，销售员张涵是屡次出马，但每次都是无功而返。

以下就是她的拜访经历：首次拜访时，张涵就习惯性地露出她那迷人的微笑。这位女客户个子不是太高，肥胖的身材，但是长相端正，皮肤也很好。初次见面，这位女客户就一直盯着张涵的脸看，这样的举动让张涵感觉非常

的不自在，误以为是自己脸上的粉底涂得不匀或者是眼线花了，所以感到这次见面很失败。第二次见面的时候，张涵更加地注重外表的打扮。这次那位女客户只是瞄了她一眼，就转头做自己的事情去了。这样几次下来客户总是对她不理不睬，张涵的信心大跌，有点坚持不住了。

天宇公司还有一位叫李薇的销售员，长相平平，平时喜欢带着老式黑色框眼镜，和张涵相比缺少了一点女人味；但是李薇为人精细善于察言观色。

李薇在听了张涵的拜访经历之后，就开始与这位女客户见面。李薇“裸妆”上阵，穿着简单大方。看见女客户李薇首先做了自我介绍，然后见女客户的皮肤这样好就开始讨教起护肤之道，这样二人就开始了一阵热聊。李薇满心欢喜地把女客户护肤之道仔细地记录在本子上，对于业务上的事情只聊了几句。第二次见面的时候，李薇稍微化了一点淡妆，不仅如此还准备了小礼物以此来感谢女客户教她护肤之道。女客户也甚是开心，主动和李薇说起关于产品的事情，这样一来李薇就轻松地搞定了这位女客户。

张涵是一个能力很强的销售员，能轻松搞定很多客户，但是，为什么面对这位女客户时却束手无策呢？因为张涵的销售攻略，对之前的客户有效果，但对这位女客户起不了作用，而李薇换了一种公关方式，就轻松地搞定了这位女客户。所以说，不同的客户，应该用不同的办法。说话也是一样，要根据客户的不同性格不同对待，对什么样的客户说什么样的话，这样才能抓住客户。

【实战要点】

销售语言是讲究针对性的，即见什么样的人说什么样的话。下面是几种不同类型的客户，以及针对他们的不同的说话策略，希望能帮助销售员熟悉这些类型，努力扩大应对不同客户的范围，优化应对方法。

1. 应对优柔寡断的客户

当销售员与这种类型的客户打交道时，就要掌握主动权，并且积极地运用销售语言向他提出一些积极的建议。另外，一定要多用肯定句式，使客户感觉到你是站在他的立场上考虑问题的。如此一来，客户就会在你的促使下做出购买决定。

2. 应对疑心重的客户

当销售员与这种类型的客户打交道时，就要充分展示自己的诚意以及对客户提出的疑问表现出足够多的重视，例如：“您提出的这一问题真是一语中的，我也有过类似的疑问，只是，如果想要解决这一问题，我们还需要多交换意见。”

3. 应对沉默寡言的客户

这类客户的话相比其他客户来说会比较少，最多是问他一句，他才会回答一句。销售员面对这种类型的客户时，就要说有用的话，而不是絮絮叨叨地惹人讨厌。一般来说，这种类型的客户也是说一是一，对于销售员来说反而是件好事，与之交流更容易促成交易的顺利达成。

4. 应对爱讨价还价的客户

在生活中，我们常常看到一些人为了鸡毛蒜皮的利益而热衷于讨价还价。这种人普遍有占小便宜的心理，所以，当销售员与这类客户沟通的时候，就要在口头上做出妥协，例如说：“我卖给您的，可是最低的价钱了。”“您真会讲价钱，再没有比卖给您的价钱更低的了。”这样使他感到自己占了一点便宜，又认可了其砍价的本事，更容易让其购买你所销售的产品。

5. 应对喜欢炫耀的客户

对于喜欢炫耀自己的人来说，总是最喜欢听恭维、赞美自己的话。当销售员与这类客户沟通的时候，就要注意对其多加赞美。当然，销售员只需要有选择地聆听对方的话。总而言之，你对这类客户多一点赞美，就会多一点成交的机会。

6. 应对怒火冲天的客户

让客户的怒火尽情发泄，在他们的愤怒发泄完之前，你是不可能帮他们解决任何问题的。记住，永远不要和发怒的客户去争论。即便你完全了解对方的意思，也不要去反驳。要避免用威胁、官腔或无法提供选择和帮助的态度激怒客户。

口才提升与实战训练

1. 口才拓展训练

道具：一些白纸，几支笔，桌子，椅子。

参加人数：6 人以上，人数最好为双数，所有人互相不认识。

方法与规则：

（1）训练组织者在训练前一天分别告诉所有训练参加者，这次训练中可以说自己的真实情况，也可以给自己设计一个角色，这个角色包括职业、性格、经历等等。

（2）训练参加者将自己的真实职业、性格、经历，简要地写在一张纸上，然后交给训练组织者。

（3）训练参加者分两组，A 组和 B 组，以 6 人训练为例，A 组成员分别为 A1、A2、A3，B 组成员分别为 B1、B2、B3，数字编号相同的成员面对面坐着，比如 A1 与 B1 面对面。

（4）面对面的训练参加者进行一对一的自我介绍、聊天，时间为 10 分钟。

（5）B 组成员换位置，即 B1 坐到 B2 的位置上，B2 坐到 B3 的位置上，B3 则坐到 B1 的位置上。然后重复（4）的步骤。

（6）B 组成员继续换位置，即 B 组每个成员坐到还没有与其聊过天的 A 组成员对面。重复（4）的步骤。

（7）A、B 两组分别自行讨论，对方成员是在扮演角色还是真实地展现了自我。

（8）将讨论结果交到训练组织者手中，训练组织者根据训练开始前大家提交的真实情况，对训练参加者的判断做出裁定，最后评出胜利的一方。

目的：感受不同的人在扮演各自生活中根本不存在的角色时和说真话时的表情、动作、语言的变化。

2. 口才情境分析

有位先生走进美国西部航空公司的售票厅，对售票小姐说："要两张去旧金山的机票。"

"好的，不过，先生，这种机票有多种优惠价格，不知您适合哪一种？"小姐答道。

"哦，优惠？"先生漫不经心地说，"我早听说过，可不知道有些什么优惠？"

"您是美国印第安人吗？"

"不是。你问这个干吗？"

"那太遗憾了，先生，因为如果您是印第安人并在清晨4点起程，又在次日清晨返回的话，我们可以给您30%的减价优惠，但现在只剩下8%的了。"

"哎，我的上帝，请问你们还有其他的优惠条件吗？"

"嗯，如果您已经结婚50年以上且没有离婚，并且此行是去参加您的结婚纪念活动的话，我们给您减价20%。"

"这对我不合适，还有吗？"

"有的，这里有一种机票，如果您是一位度假的国家驻外使馆的人员，那可以给予15%的优惠。"

"那我又错过了，我正和我太太一起旅行。"

"哎呀，先生您怎么不早说呢？您太太还不到60岁吧？如果她不到60岁，且你们又不赶在周末旅行，那么可以享受20%的优惠价。"

"可我们非得在周末才有空呀。"

"嗯，别灰心，请问您和您夫人中有还是学生的吗？如果你们有在上大学的，且又在星期五（星期五在美国属周末，却又因耶稣在星期五遇难而被视为不祥的日子）乘飞机，我们可以给您45%的减价优惠。"

"我的天，差不多便宜一半啊！可惜我已早两年念完大学了。这样吧，小姐，您还是给我那8%的优惠吧，谢谢您介绍。"

你看，面对如此名目繁多而又富有幽默色彩的优惠条件，这位乘客最后虽没有得到多少优惠，却也心满意足地买下了机票，不用说，只要有机会，他还会多多光顾这家航空公司。

请问，这位售票小姐在本案例中用了很多非常有效的销售技巧，你能想到什么？

参考答案

该售票小姐幽默的语言，亲切的笑容，十足的自信，巧妙的建议，都是成功的销售技巧。

3. 口才实战训练思考

假设你是某产品的销售员，在向客户推销的过程中，客户表现得非常敏感，什么都不相信，处处提防。这种情况下你该怎么处理呢？

参考答案

向他列举一些实例，让他自己做决定，适时地通过一些日常谈话拉近与他的心理距离。

第11辑 与客户沟通交流，不能踏入的雷区

很多口才不好的销售人员不把说话当回事，说话随意，从而导致销售活动的失败。因此，在与客户沟通的过程中，一定要先动脑再动口，在话说出口之前，要把握好说话的分寸，衡量一下说话的场合等，避免踩到言语沟通的雷区。

说话啰唆，影响客户的购买欲

生活中，大部分人都不太喜欢说话啰唆的人，有时候就连妈妈对我们关心的唠叨我们也会不耐烦。所以在面对客户时，销售人员说话同样不能啰唆。说话啰唆，不仅表达费力，而且客户也不喜欢听，对销售无益。很多时候，客户不会有太多的耐心去听销售员啰啰唆唆，这也是很多销售员被客户拒绝的原因。

【实战案例】

“李大姐，告诉您个好消息，我们公司新推出了一款保险型理财产品，购买保险就相当于存钱，还有红利，而且还增加一份保障！”保险销售员芳芳一见到客户李大姐就打开了话匣子。

“上次我买的那份保险不也一样吗。”李大姐边看着手中的文件边回答。

“不一样。您上次买的是女性重大疾病险和意外险，和这款产品不一样。”芳芳笑着说。

“有一个保障就行了。再说，我们都是工薪族，每月收入有限。”李大姐淡淡地说。

“您这样想我很理解，不过这款产品真的和您上次买的有很大差别，它具有理财功能。您既可养老用，还可将它作为小孩的教育基金，等您家妞妞上大学时候用。”芳芳忙不迭地介绍着，还拿出相关资料给李大姐看。

“这样啊。”李大姐回答。

“其实就相当于您从现在开始每年存钱，15 年后取出，而那时不正是您家宝宝上大学的时间吗？到时候连本带利一起返还给您，孩子的教育费用不就有着落了。”芳芳兴致盎然地介绍着。

“听起来还不错。”

“那当然，这款产品就是专门为您这样的工薪家庭设计的。既解决了孩子上学的费用问题，还可作为养老金使用，和您上次买的不是一回事。钱在银行存着也是存着，不如用其理财。我觉得这款产品不错，我也购买了一份，未雨绸缪嘛。”芳芳再次说明她所售产品的好处。

“是呀，确实不错。芳芳啊，我还有急事，咱们改天聊。”李大姐找了个借口离开了。

芳芳反复唠叨新产品的好处，致使客户因不耐烦而找借口离开，失去了继续推销的机会。现实中，像芳芳这样的销售员很多，他们面对客户时，总是揪住产品的某项特性大说特说、反复强调，即使客户已经兴味索然，依然喋喋不休，致使客户的购买热情大大降低，最终让销售以失败告终。

【实战要点】

有些销售人员之所以喋喋不休地向客户介绍商品，目的就是千方百计想向客户证明产品的实力与价值，殊不知这样啰啰唆唆说上一通，客户往往不愿再听下去，从而让销售员失去销售机会。

对于销售人员来说，把产品或服务迅速销售出去，是再重要不过的事情了，但这不是靠说话的多少决定的，销售人员的话语效率决定了销售效率。要做好销售工作，就必须做到能准确识别客户的沟通风格，然后根据不同的情境，与客户展开灵活、有效的语言沟通。那么，销售员如何做到用简洁的语言与客户沟通呢？销售人员应该注意以下几个方面。

1. 明确目的，让推销更有针对性，少说废话

在沟通之前，要明确这次销售的目标、销售方案和思路，采用适宜的说服方式，理顺推销过程各阶段的要素，这样，沟通时才会有的放矢，少说废话。如果这些要素是模糊的，销售员不知道自己的目标，就不会明确自己在与客户交谈中应该说些什么，但又怕冷场，于是便没话找话、夸夸其谈，结果废话越来越多，最终淡化了客户的购买兴致。所以，要在销售产品前列出自己的计划、目标，便于销售员在谈话中有重点、有条理地说明自己的意图，同时也有助于销售员克服喋喋不休的毛病。

2. 语言表达清楚、明晰，让客户听得清

销售人员与客户交流的目的是让客户全面清晰地了解产品。虽然过于直白或没有策略的交流会让对方觉得索然无味，但是，一定要清楚地让对方明白你要表达什么，这样客户才能知道产品是否符合自己的购买意向。同时，销售人员可以通过对客户言语的观察，及时地采取相应的销售措施。

在一番较长的表述之后，为给客户留下一个清晰的印象，最好加上明确的结语，以使客户有一个完整的感觉。特别是一些不断改变话题的谈话，层次不容易显露，中心也不突出，更要做结语总结。所以，讲话结尾时简明扼要地把全部内容作一次总结是十分必要的。

3. 语言逻辑清楚，让客户听出重点

有些销售员说话，不注意语言逻辑，东一句西一句，让客户听起来觉得很啰唆。合理的语序让客户听起来简洁明快，客户就爱听。所以，销售员在说话时，要事前组织好语言。

4. 不要使用浮夸的语言

销售人员往往会过于夸大自己的产品，这是客户最反感的做法。销售人员在与客户进行交流时，千万不要添加过多的不实言辞，这样会让客户对你的诚实度有所怀疑。要明白，建立在不信任基础上的交流是不会成功的。

5. 动手进行示范，利用辅助工具进行介绍

如果有条件，销售员可以通过现场演示的方式来向客户介绍产品。在动手进行示范时，销售员可以通过向客户展示产品来更好地调整自己的思绪，一步一步地正确引导客户，这样也就避免了销售员在推销过程中思路混乱、废话连篇。

另外，在推销过程中，销售员可以辅以各种可以利用的工具，如图文资料、资历证明、成功的合作伙伴名单等。利用这些辅助工具，既可以省去销售员自己解说时的喋喋不休，又增加了产品的可信度。

随意贬低对手，引发客户反感

在客户面前，销售员千万不要随便贬低自己的竞争对手，总说对方的产品如何如何不好。贬低竞争对手只能让客户觉得你是一个小气、对自己公司产品没有信心的人，从而影响你的产品销售。销售员应该用产品的实力来证明你们比对手强。所以应该尽量向客户展示你们产品或者服务的优势，至于竞争对手的事情，哪怕是必须提到，最好尽量少谈或者以客观的话语一带而过。在客户面前随意地用言语贬低对手，是销售员损害自己、产品和公司形象的做法。

【实战案例】

吴老板想采购一批油漆，在商场一家油漆专卖店内，遇到某油漆品牌的销售员小任。听完小任对产品的介绍后，吴老板问："你们的产品，和 ×× 牌有什么不同。哪个好？"

小任一听，×× 牌正好是自己的竞争对手，这个牌子的甲苯在市场上长期以来一直在与自己的产品展开激烈竞争。听到客户的询问，他回答道："当然是我们的好啦。您不知道吗？他们有几批次生产出的油漆刚刷到门上就凝固了，漆面出现龟裂，甲苯出现问题了，您认为他们的质量怎么样呢？我们的产品从来就没有发生过任何质量问题。"

"×× 牌有这样的事吗？"吴老板半信半疑。

"当然啦。"小任的回答很坚决。

"那我再转转吧。"吴老板说完，就走进另一家某油漆品牌专营店。销售员小李热情地接待了他。听完小李对产品的介绍后，吴老板问："你们的产品，和 ×× 牌有什么不同。哪个好？"

小李回答道：“我们产品的质量很好，××牌油漆市场所占的份额和我们差不多，他们能成为我们的竞争对手之一，质量应该也不会差的。”

吴老板听了小李的话，又问：“××牌油漆出现过质量问题吗？”

“这类油漆的生产工艺比较成熟，产品好坏主要在于环保指数。使用不当会影响油漆效果，一般不会出现质量问题的。”小李回答。

权衡小任、小李两个销售员的话，吴老板觉得还是小李的说法比较靠谱，于是决定采购小李推销的产品。

在销售的过程中，竞争都非常激烈，有时候为了赢得一桩生意，很多业务员在与客户沟通的过程中会用诋毁竞争对手的方式来抬高自己产品的优势，而结果往往是适得其反。在销售工作中最大的忌讳是说竞争对手的坏话。这只会影响你的产品在客户心目中的地位。一旦当客户认为你是一个喜欢在别人背后说坏话的人的时候，那么他对你的为人已经产生了怀疑，他会觉得你不可靠。另外，通过对别人的诋毁来抬高自己产品的优势会让客户感觉到你对自己产品的不自信，一旦客户感觉到你都对自己的产品不自信的时候是很难取得他的认可的。还有，对于别人产品的好坏，客户自己有自己的衡量和比较的标准，你不用强调或者指导他怎么去判断，况且你的产品也是他衡量的对象。

所以，作为一个专业的销售员，应当大度、客观地评价竞争对手。对竞争对手的评价，最能折射出一个销售员的职业操守。遇到客户询问竞争对手的产品时，销售员最好以客观公正的态度进行评价，不隐藏其优势也不夸大其不足，让客户从中获得其所需的信息，感受到你的素质和修养。如果对竞争对手进行攻击，就会适得其反，产生负面的影响。

【实战要点】

客户会问：“您认为A公司××产品（竞争对手）怎么样？”这是很多销售员会遇到的问题。在实际销售过程中类似的情况经常发生。这对销售员的应对技能是一个考验。如果此时销售员趁机攻击对手，则不仅不会赢得客户，可能还会失去客户的信任，因此，你千万要记住，不要随意贬低对手，这不仅仅是一种不好的行为习惯，同时也是沟通最大的忌讳。那么应该怎么让客户很客观地看待我们将自己的产品与别人的产品做比较呢？一般来说应该注意以下四点。

（1）需要对客户的需求有准备的把握，要能很全面地了解客户对产品的关注点。只有在了解客户的需求的基础上，才能找到与客户深入沟通的切入点。

（2）需要对你的竞争对手有很客观全面的了解，才能突出介绍的重点，让客户认可你的产品的优势。

（3）不管是在介绍自己的产品还是在给客户建议的时候，关键是要真诚地从客户立场出发。

（4）不要在熟人面前说竞争对手的坏话。有一些销售人员给人的感觉非常的真诚，让客户可以当作依靠，和客户可以做到无话不谈。那是因为销售员规避了客户的忌讳，抓住了客户的需求，让客户感觉到了销售员一直在帮助他。销售员不是没有说竞争对手的问题，只是销售员聪明地给客户指了一个方向，告诉了客户一个评判的标准，然后这个客户又乐于用销售员给的标准去衡量。记住，不要泼脏水给竞争对手，因为无论你如何反唇相讥，也比不上保持冷静的职业头脑，能赢得客户的认真对待。

所以，作为销售员要明白，客户放弃竞争对手的产品来和我们洽谈，这本身就说明我们的产品优于竞争对手。客户的眼睛是雪亮的，谁的产品质量好、售后服务好，客户会有自己明智的选择。所以，这个时候销售员应该尽最大的努力帮助客户解决遇到的问题。

反驳质问客户，到手的订单也会飞走

销售人员在销售产品的同时，也是在展示自己。大部分企业的销售员，在与客户交谈时多是采取有求于人的态度，相对处于劣势。所以对于销售人员来说，与客户交流时一定要注意自己的语言用词，避免与客户产生语言上的摩擦，或者是语言上伤害到对方。

销售人员在与客户的沟通过程中，除了要使用文明的语言、保持谦和的态度以外，在沟通和谈话的方式方法上，还需要注意一些细节。在与客户谈话时，应该顺从客户的心意，对那些无关紧要的不同意见，一定不要反驳质问客户，要不然就算你口才非凡，产品优异，价格低廉，客户也会拒绝和你合作，到手的订单也会飞走。

【实战案例】

吴小波：“您好，赵总，我是××保健品公司的小吴。您看，这是我们公司新研制的保健仪器，刚刚投入市场就很受欢迎。它对颈椎、腰椎和肩膀都有很好的保健功效，特别适合有颈椎病的患者使用……”

客户：“等一下，你说你是哪个公司的？”

吴小波：“我是××保健品公司的，原来您知道我们公司，那就更好了。您以前一定接触过吧？”

客户：“听说过，没敢接触过。你们的产品谁敢接触啊？”

吴小波：“您这话什么意思啊？”

客户：“听说你们的产品质量经常出问题，还出过一些事故呢。而且，听你的介绍，价格也不便宜，我可不买这样的产品。”

吴小波：“谁说的，我们的产品从来没有发生过质量问题，我们的产品还出口美国呢，怎么可能有问题，真是的！”

客户：“谁不说自己的瓜甜，质量再差的产品在你们嘴里也能说成优质产品。你们的产品我不需要。”

吴小波：“怎么会？您不能随便相信外面的传言啊。我们公司的产品是有质量保证的，您看这是产品质量鉴定书，还有获奖的宣传册……”

客户：“不用你来教育我，自己的产品有问题就不要到别人身上找原因。你还是走吧。”

吴小波：“您这个人怎么不讲道理！真是的。”

吴小波在销售中所犯的错误就是直接反驳了客户，与客户发生争执。如果他能够以实事求是的态度倾听，委婉地与客户进行沟通，销售结局恐怕会大相径庭。的确，对于客户的异议，如果销售人员直接否定，就好像用一把利剑将销售工作拦腰截断。一旦对客户进行直接反驳，销售工作就无法进行下去，销售人员再努力也是于事无补。

【实战要点】

销售人员与客户沟通时，要充分理解尊重客户，他买你的产品，说明他能承受并有需求；他不买你的产品，说明他有原因，切不可采取质问的方式与客户谈话。遇到不同意见，不要激化矛盾，因为客户拒绝就用质问的口气与客户说话是低级的错误。因为质问客户，或者是直接反驳客户，可能会让之前所有的销售工作功亏一篑。当然，很多销售都注意不要对客户进行反驳和质问，但在言语习惯中，很多语言是在不经意间流露出来的。在实际销售中，有些话语不能说，否则让客户听起来就是在反驳、质问他。

1.“不可以”

对客户说“不可以”，销售人员一定要谨慎，因为没有人喜欢被拒绝，这并不是因为客户的目的没有达到而感到失落，而是客户不喜欢被拒绝的感觉。在推销产品时，销售人员要多给予客户肯定的回答，这样会让客户觉得你很有诚意。

如果有的客户提出了很苛刻的要求，确实没有办法实现，常用的技巧是，销售人员可以先肯定，再附上很高的条件，这样来拒绝客户。比如，你可以说：“可以的，不过这样做的代价是……”

2.“这不归我们管”

销售人员应该为客户提供全面周到的服务，遇到客户寻求帮助，不应该遇到问题就以一句“这不归我们管”来推脱责任，这样说之后只会让客户扫兴。哪怕是客户的要求真的不在你的服务范围内，也要耐心地帮助客户，告诉客户应该去哪里，找谁来解决问题。试想，当客户想买某样东西时，销售人员说“这不归我们管”，客户下次想买“归你管”的东西时，他会找你吗？

3.“你确定吗”

永远不要去质疑客户的表达。客户提出一些自己的看法，说明他对这次沟通感兴趣，有深入的思考，这个时候你来一句“你确定吗？”就相当于否定了客户的意见，一定会让客户心里不舒服，可能会因此丢失销售机会。

4.“你懂吗”

有些销售人员会有个习惯，害怕客户不理解自己的话，总会习惯性地问

“你懂吗？”这是对客户的贬低，会让客户感觉没有得到起码的尊重，从而产生逆反心理，可以说这是销售中的一个大忌。销售人员不要随意怀疑客户的理解力，如果真想知道客户是否理解了，可以问客户：“还有需要我再详细说明的地方吗？”如此之类的语言，客户是很容易接受的。

5.“这个我们是不允许的”

当客户提出的某些要求确实超越了自己的底线时，不要总拿公司的霸王条款来压客户。除非你在介绍产品之前先给客户普及了一下公司条款，否则要尽量找到一种符合人之常情的解决问题的办法。试想一下，如果客户购买了某件商品后感觉不满意却不能换，你说：“这个我们是不允许的。”这时只会将客户推向对立面，客户会有一种被欺骗的感觉。销售员可以这样说：“公司原则上是不允许我们这样做的。”

随意打断客户讲话，无礼会导致客户流失

与客户沟通，销售员的陈述固然重要，但客户的话语更不能轻视。因为在销售沟通中，销售员往往是以客户为中心的，他的言语都是围绕客户的思维而变化的。所以，不要随意打断客户的讲话。礼貌可以体现在服务过程中的各个方面，这些小的细节将会产生大的影响。如随意打断客户讲话，不仅难以掌握客户的意见，更是很不礼貌的行为。销售中，无礼是在为客户提供一种劣质的服务，客户会感到自己没有受到尊重，很多客户就是因为销售人员的无礼而流失了。

【实战案例】

销售员：“李经理，通过观察你们厂的情况，我发现你们自己维修花的钱比雇用我们干还要多，是吧？”

李经理：“我也认为我们自己干不太划算，但你们毕竟缺乏电子方面的……”

销售员：“对不起，请允许我插一句……有一点我想说明一下，任何人都不是天才，修理汽车需要特殊的设备和材料，比如真空泵、钻孔机、曲轴……这些你们都没有。”

李经理：“是的，不过，你误解了我的意思，我想说的是……”

销售员：“我明白您的意思，就算您的员工能力很强，也不能在没有专用设备的条件下干出高水平的活来……”

李经理：“但你还没有弄清我的意思，现在我们负责维修的伙计是……”

销售员：“请等一下，李经理，只等一分钟，我说一句话，如果您认为……”

李经理：“你讲的我也明白了，我们改日再聊好不好？”

上个案例中，销售员几次三番打断客户的述说，既不符合社交礼仪，也犯了推销中的大忌。如果采用上述这种对话方式，交易是根本没有希望的。礼貌是销售人员在销售中对待客户的一种应有的方式，即使在服务中销售人员有不好的情绪，出于一种职业道德，也依然要用礼貌的方式对待顾客，这样可以弥补因为自己的负面情绪而带来的不良影响。

【实战要点】

有人认为，交谈是双方的事情，良好的沟通关键在于双方要有恰当的互动，一味地听对方讲，自己一言不发既不礼貌，也不明智。但是，恰当的互动不是野蛮而无理地打断客户的讲话。那么，在与客户交谈时，如何才能做到既有效互动，又不失礼仪呢？

1. 插话前礼貌先行

如果在客户发表对产品的看法或意见的时候，销售员出于某种原因需要打断客户的话时，最好举止有礼地向对方表示自己有话要说，例如：“抱歉，打断一下，我想补充说明一点。”之后经过客户的同意后，再继续插话。另外插话应该以简洁明了为主，不可过于啰唆，以免扰乱了客户原有的思路。

2. 耐心地倾听你的客户在说什么

俗话说：只有很好地倾听对方的，才能更好地说出自己的。如果说沟通的艺术是听与说的艺术，那首先是倾听的艺术。成功的销售，大多是耐心倾听客户的诉求，以此促进沟通，获取信息。有了倾听，你才能汲取别人的经验与教训；有了倾听，你才能去伪存真；有了倾听，你才能充分了解认识客户……做销售离不开倾听，销售员非常有必要掌握倾听的艺术。

3. 谈话过程中有意识地注意自己的言行

在销售活动中，销售员的言谈是否得当对客户的影响非常大，很有可能决定销售的成败。在与客户交流时，千万不要随意打断客户的话。尤其是在谈话时间较长时，很多销售员最容易犯这个毛病。有调查显示，能长时间倾听客户说话的销售员占到30%；而很快插话的达到70%。

只有在销售过程中把自己合理的举止行为做到善始善终，在被拒绝后依然保持君子风度的销售员才有可能获得更多的客户。销售员因为言谈不得体，很有可能遭到客户的拒绝，但不能因为某一次交流受阻，没达成最终协议，就改变对客户的态度。销售员如果这样做，会让客户认为这是个没有素质、不懂礼貌的人，导致完全失去交易机会。

4. 养成良好的说话习惯

销售就是一份与人打交道的工作，在销售活动中，销售员不仅是在销售产品，更是在销售人品。一个客户在做出购买决定前，不仅要看产品是否合适，还要考虑销售员的人品和销售态度。随意打断客户的话，则会在一定程度上损害你在客户心中的形象。与那些缺乏耐心的销售员相比，客户更愿意购买倾听自己说话的销售员推荐的产品。

话题跑偏，客户很快就会离开

销售的完成好比是一艘航行的轮船准确抵达港口，销售员在这场航行中就是那个把握方向的舵手，只有一直朝着正确的航向，轮船才会到达最终的目的地，而一旦偏离了航向，即使轮船的速度再快、质量再好、配置再先进也是枉然。要做好舵手的工作其实并不难，因为销售是靠语言征服客户的，所以你想掌握好轮船的航向，就要控制好与客户之间的话题，千万不要让你的话题离你的生意十万八千里，等丢失了客户才追悔莫及。

【实战案例】

小郑是一家知名护肤品的柜员，老爱犯这个毛病：她总是能与客户聊得热火朝天，可最后却卖不出去产品。为此，小郑也是着急上火的，没个办法。在空闲的时间里，小郑就不停地想是哪儿出了问题，客户明明跟我很亲热，交流也很顺畅，怎么就是不买产品呢？

绞尽脑汁也没想明白的她只好找来隔壁的销售员小王充当个监考官，看看她是哪里不合格。正说着，只见一位老顾客过来了，她曾经来了解过小郑家的护肤品，但是一次也没买。这次，小郑在心里暗暗下了决心，一定要拿下这单生意！

小郑像往常一样，仔仔细细地回答着这位老顾客的问题。

“您属于油性皮肤，就是出油比较多，不及时清洁的话，容易长痘痘。”

“那有啥忌口的吗？饮食上有啥需要注意的？”

“饮食上清淡点就好，平常不要吃油腻的、辣的，像烧烤之类的也要少吃，这些都对皮肤不好。”

“哎呀，我就是喜欢吃辣的，自己都控制不住，一顿不吃辣就受不了。”

“很多人都喜欢吃，我个人也比较喜欢，一年四季离不开火锅。”

“你也喜欢吃啊，我跟你说，咱们市里××路上那家火锅最好吃，去晚了都没有座位。”

“是啊，那我有空也去尝尝，看来我们都是爱吃辣的人。”

这时小王用胳膊轻轻在背后捅了小郑一下，小郑突然意识到话题已经偏了，就赶紧要开口说产品的事情，不料这位顾客接了一个电话，好像有什么急事一样就赶紧离开了。

看着客人离去的背影，小郑难过地告诉小王她知道自己的问题出在哪里了，但是她好像中了什么魔咒一样，经常跟客户聊着聊着就说到其他的地方去了。

其实小郑在销售时有一个优势，就是她能准确地找到与客户的话题切入点，很快拉近与客户之间的心理距离，跟客户打成一片。她的失败之处就在于她说得太多了，没有对客户的话题进行引导和控制。销售员不能只是顺着客户的话题去说，那样就失去了你的话题中心，也没有帮助客户解决实际的问题。

俗话说三句话不离老本行，销售员自己心里要明白自己说话的目的是什么，为达到这个目的要选择什么样的话来说，如果一味地逢迎客户，跟着客户的思路走，就偏离了销售的主航道，自然也就无法达到交易的目的。

【实战要点】

控制话题，这就需要我们先在心里预设一个引导客户话题的流程，一旦发现话题有偏离的迹象，要及时把话题拉回来。如何做到控制话题呢？

1. 控制话题要占据主动权

当你问出的问题，客户回答"是"的时候，你就占据了谈话的主动权。连续让客户对你的提问回答几个肯定的词语，他就会下意识地封闭自己的思路，只简单地回答"是"或者"不是"，这样的回答可以使客户随着你的思路走，并且在心理上接受销售员的讲话模式，认同感也会与销售员保持一致。

2. 想办法回避偏离的话题

客户有时并不是抱着强烈的购物目的购买产品的，有可能只是先询问或者简单地了解一下，这时就容易说一些与销售关系不太密切的话题。遇到这种情况，我们可以不作声，面带微笑地点头，或者把话题转移到产品上来，不再把偏离的话题继续下去。

3. 及时梳理话题的内容

当你与客户交谈一段时间后，应及时地把说过的内容做一个总结和梳理。你可以说："为了让我更好地理解，我和您再确认一下。您的意思有以下几个方面：第一点是……第二点是……我这样理解可以吗？"当你重复对方观点的时候，对方就会反过来专心听，对比你的话是否与他的表达有所不同，进而谈话的内容就控制在了一定的范围之内。

4. 把思想灌输给客户

作为一个优秀的销售人员，如果轻易地被顾客的问题缠住了或者是跟着客户的思路跑了，是很难做成生意的。所以你要针对客户的问题把你的思想灌输给他，吸引客户的注意力，让客户来倾听你的讲述。

口才提升与实战训练

1. 口才拓展训练

道具：纸，笔。

参加人数：5 人以上。

方法：每个人总结 50 句与客户沟通的忌语，向大家说出这些忌语的危害。

规则：将忌语融合到案例中，讲述要生动、具体、形象、引人入胜，讲述后请大家对语言和语气以及肢体动作进行点评。

目的：锻炼说话时规避忌语的能力。

2. 口才情境分析

一位保险销售员，在介绍他的保险产品时对客户说："这款保险产品主要针对人身意外情况给您提供保障，假如您出了车祸，可以给您提供 200 万元的治疗费用；假如不幸死亡，会给您的家人赔偿 500 万元……"

客户听了他的话，一脸的不高兴，连忙说："我不需要，我不需要，你赶紧走吧。"

销售员见自己遭到驱赶，生气地说："我是为您好，等您出事了，您再想到我就迟了。"

客户听了，更加生气了，大声对他吼道："你给我滚出去！"

请问，这个案例中，客户为什么不高兴？

参考答案

这位销售员之所以令客户不高兴，一是介绍产品亮点时，所说的话让客户忌讳；二是，当客户让他离开时，他直接驳斥了客户，甚至是诅咒客户。在与客户沟通时，千万不要犯忌，否则，一定会令客户反感的。

3. 口才实战训练思考

如果你是一名裤装销售员，分别面对教师、家庭主妇、时尚青年和老年人推销裤子，你觉得最得体的语言是什么？

参考答案

不同的客户，爱听不同的话。在销售中，有时倾听比表达更重要。善于倾听客户的诉求，既反映出一个人的礼仪修养，也是一种高超的交际艺术。在社交场合，一个聚精会神的听众往往比一个慷慨激昂的演说家更受欢迎，他会使说话者感觉自己很重要。善于倾听客户的发言是对他人的尊重，有时还有助于问题的解决。在我们周围，有的人看似不喜欢说话，其实他们不是不喜欢，而是想找一个善于倾听他们说话的人，有了这样的人，他们的话就会滔滔不绝了。所以，根据客户的不同职业、年龄、性别，可以先倾听他们的诉求，再进行有针对性的销售。

参考文献

[1] 胡慎之 . 高情商沟通法则 [M]. 杭州：浙江大学出版社，2020.

[2] 晁钢令 . 市场营销学 [M]. 上海：上海财经大学出版社，2019.

[3] 王建四 . 导购这样说才对 [M]. 北京：北京大学出版社，2018.

[4] 吴建安 . 市场营销学 [M]. 北京：高等教育出版社，2000.

[5] 罗锐韧 . 哈佛管理全集 [M]. 北京：企业管理出版社，1998.

[6] 王洋，卢彬，张凌彦，等 . 演讲与口才训练 [M]. 北京：清华大学出版社，2001.